게임 코딩

그것이
알고 싶다 2편

하정현 지음

(인디게임 개발자 hhyunma@gamil.com)

전국 교육용 소프트웨어 공모전 대상 (2005년)
반딧불이 초등 학력관리시스템 개발 (2009년 ~2010년)
부산시 초등학교 교육과정 시스템 개발 (2008년 ~ 2019년)
부산시 성취기준 평가관리시스템 개발 (2013년 ~ 2014년)
모두의 체험학습 사이트 개발 (2019년 ~ 2020년)
모두의 뽑기대장 사이트 개발 (2020년)
대안학교 교무학사관리시스템 개발 (2021년)
학급 교육과정 시스템 모두의 교육과정 개발 (2021년)
영재 학급 강사 및 소프트웨어 교육 강사 역임
다수의 안드로이드 앱 개발 (개발자 AJ TED 검색)
'룰렛 팡','스마트 휘슬','분노의 똥침','대진표 Manager','ASMR 퀴즈' 등 다수

게임코딩 그것이 알고 싶다 2편

발　행 | 2022년 02월 08일
저　자 | 하정현
펴낸이 | 한건희
펴낸곳 | 주식회사 부크크
출판사등록 | 2014.07.15.(제2014-16호)
주　소 | 서울특별시 금천구 가산디지털1로 119 SK트윈타워 A동 305호
전　화 | 1670-8316
이메일 | info@bookk.co.kr

ISBN | 979-11-372-7314-6

www.bookk.co.kr
ⓒ 게임코딩 그것이 알고 싶다

게임 코딩

그것이
알고 싶다 2편

하정현 지음

게임 코딩 그것이 알고 싶다 1편

서문:

게임메이커 스튜디오로 진짜 게임 개발자가 되어보자!   저자: 하정현

Theme I   코딩이란?

1. 코딩이란
2. 코딩으로 무엇을 할 수 있을까요?
3. 코딩을 배워야 하는 이유

Theme II   프로그램 언어와 개발도구

1. 프로그래밍 언어
2. 대표적인 소프트웨어 개발 프로그램
3. 대표적인 게임 개발 프로그램
4. 게임 프로그래밍을 위한 기초 지식

Theme III   게임메이커 스튜디오 사용하기

1. 게임메이커 스튜디오 설치하기
2. 게임메이커 스튜디오 둘러보기

Theme IV   게임 제작 실전 프로젝트

1. 자동차 전시장 만들기(스프라이트 오브젝트 만들기)

   가. 자동차/부품/타이틀 스프라이트 만들기

   나. 전시장 배경화면 만들기

   다. 자동차/부품/타이틀/전시장 오브젝트 만들기

   다. 룸(화면)에 인스턴스를 생성하여 전시장 완성하기

2. 도로위를 움직이는 자동차(애니메이션와 배경음악)

가. 도시 배경 만들기

나. 스프라이트 애니메이션 만들기

다. 자동차 움직이는 액션 넣기

라. 배경음악 넣기

3. 픽맨(Pac-Man) 게임(이벤트/움직임/충돌감지/배경음악)

가. 스프라이트와 오브젝트 만들기

나. 오브젝트를 복사하여 게임 배경 만들기

다. 오브젝트 충돌 감지 및 움직임 제한하기

4. Rally-X(방구차) 게임(뷰 설정과 뷰 이동)

가. 자동차와 벽 오브젝트 만들기

나. 자동차 움직임 설정하여 움직이게 하기

다. 자동차를 따라 뷰가 움직이게 설정하기

라. 아이템 효과 및 텍스트 표시

5. 날아오는 운석 피하기 게임 1(인스턴스 생성 및 제거)

가. 우주선과 운석 오브젝트 만들기

나. 우주선과 운석 움직임 설정하기

다. 운석과 우주선 충돌 설정하기

라. 운석과 우주선 충돌 효과음과 배경음악 넣기

마. 운석 인스턴스 생성 및 화면 벗어나면 제거하기

6. 날아오는 운석 피하기 게임 2(이동 경로(패스) 설정)

가. 운석이 움직일 경로(패스) 만들기 및 경로 만드는 2가지 방법 알기

나. 운석에 경로(패스) 적용하기

다. 비행기와 충돌하면 비행기 폭파하기

7. 날아오는 운석 피하기 게임 3(게임 상황 표시 및 룸 전환)

　가. 게임 진행 상황 표시하기

　나. 운석과 충돌하면 우주선 생명 감소하고, 생명이 다하면 비행기 제거하기

　다. 새 비행기 임의의 위치에 생성하기

　라. 게임이 종료되면 게임 종료 화면으로 전환하기

8. 룰렛 게임 (버튼 이벤트 처리)

　가. 룰렛 스프라이트 및 오브젝트 만들기

　나. 룸 배경화면 및 버튼 만들기

　다. 룰렛 움직임/멈춤 버튼 이벤트 처리하기

　라. 이벤트 실행 순서 이해하기

게임 코딩 그것이 알고 싶다 2편

서문:

　게임메이커 스튜디오로 진짜 게임 개발자가 되어보자!　　　저자: 하정현

9. 러닝 게임(뷰와 카메라 이동 처리)

　가. 캐릭터/장애물/바닥 스프라이트 및 오브젝트 만들기
　나. 장애물 생성 및 충돌 처리하기
　다. 키보드로 캐릭터 움직임 설정하기
　라. 캐릭터 이동에 따른 뷰와 카메라 이동 처리

10. 풍선 터트리기 게임 만들기(스크립트 및 다양한 파티클 효과, 상속 개념)

　가. 풍선 소프라이트 및 오브젝트 생성하기
　나. 풍선 움직임 설정을 위한 부모 오브젝트 생성하기
　다. 풍선 오브젝트 상속 처리하기
　라. 파티클 효과 사용 방법
　마. 풍선 클릭시 폭파 스크립트 작성하기

11. (아타리)퐁 게임(자동 움직임 제어)

가. 공/막대 스프라이트 및 오브젝트 만들기

나. 퐁 막대/ 공 움직임 설정하기

다. 컴퓨터 퐁 막대 자동 움직임 설정하기

라. 게임 시작 및 스코어 처리

12. 룰렛 게임 2 (배열 사용 및 한글 폰트 사용방법)

가. 배열 개념 이해

나. 룰렛 배열 초기화 및 사용

다. 룰렛 멈춘 곳 각도 계산하기 및 피드백 구현

라. 내부 메세지 창을 이용한 메시지 출력 방법

마. 한글 폰트 사용 방법 알기

13. 플라피 버드 (글로벌 마우스 이벤트 처리 및 장애물 동적 생성)

가. 새/바닥/장애물 스프라이트 및 오브젝트 만들기

나. 룸 배경 애니메이션 만들기

다. 글로벌 마우스 이벤트 구현하기

라. 게임 중에 장애물 동적으로 만들기

마. 스프라이트 점수 폰트 생성하기

14. 카드 매칭 게임 (스트립 이미지 분할 및 삼각함수를 이용한 뒤집기 효과)

가. 카드 스프라이트 및 오브젝트 만들기

나. 스트립 이미지 분할하여 스프라이트 만들기

다. 카드 움직임 및 이벤트 구현하기

라. 사인함수와 이미지 변환

마. 파티클 디자이너 사용방법 알기

15. 1945 슈팅 게임 (게임 완성하기 GML)

가. 적/비행기/총알/아이템 스프라이트 및 오브젝트 만들기

나. 배경 화면 생성 및 배경 애니메이션

다. 비행기 각종 총알 및 발사 구현

라. 적 움직임 경로 생성 및 적용하기

마. 인스턴스의 깊이 이해

바. 게임메이커 스튜디오 내장 파티클 효과 사용방법

사. 게임 관련 버튼 이벤트 구현하기

게임메이커 스튜디오로

진짜 게임개발자가 되어 보자!

이 책을 읽는 독자들은 어떤 분들이 될까? 이 책은 어떤 독자들을 대상으로 만들어진 것일까?

1. 게임을 만들어보고 싶은데 어떻게 만드는지 모르시는 분들,

2. 코딩 공부는 하고 싶은데 어디서부터 어떻게 시작해야 하는지 몰라서 공부를 미루고 있었던 분들,

3. 교육용 코딩 프로그램인 엔트리나 스크래치를 열심히 배웠지만 뭔가 2% 부족함을 느끼고 있었던 분들,

4. Unity, 언리얼 등의 게임 개발 프로그램을 배우고 있지만 어려움을 느끼고 있는 분들,

5. 배우기 쉬운 게임 개발 프로그램에 대해 알고 싶은 분들,

6. 학교나 학원에서 아이들에게 게임 개발의 실제를 가르쳐주고 싶은 분들,

위의 분들을 생각하면서 최대한 쉽게, 최대한 게임 개발 실제에 가깝게 배울 수 있도록 책을 써 보았습니다.

요즈음 코딩교육에 대한 관심도가 높아지면서 코딩을 배울 수 있는 다양한 책들이 출판되고 있습니다. 하지만 그중에서도 2D 게임 개발 전문 프로그램인 게임메이커 스튜디오를 활용하여 게임 개발을 할 수 있는 입문서와 활용서가 전무한 상황이라 책을 집필하게 되었습니다.

게임메이커 스튜디오는 나이 상관없이 코딩 교육 수준과 상관없이 누구나 쉽게 배울 수 있는 매우 뛰어난 기능을 가진 전문 게임 개발 프로그램입니다.

평소에 생각해 둔 게임 아이디어가 있다면 게임메이커 스튜디오와 함께 진짜 게임개발자가 되어 보세요.

처음 책을 쓰려고 했을 때는 누구보다 잘 쓸 수 있을 것 같았지만 책을 쓴다는 게 생각보다 쉽지 않다는 것을 책을 직접 쓰면서 절실히 알게 되었습니다. 열심히 쓴다고 썼지만 읽는 독자의 입장에서는 아직도 부족한 부분이 많을 수 있습니다. Q&A에 질문을 주시면 성심껏 답변을 드리도록 하겠습니다.

■ Q&A 및 예제파일 다운로드 : https://cafe.naver.com/bandiprogram

■ 압축파일 비밀번호: 20220208

자자　하정현

9	러닝 게임	※ 예제 파일명: Project 9

무엇을 배울까요?	▪러닝 게임 제작 방법 및 타일을 이용한 배경 생성 방법을 알게 됩니다.
	#타일 생성, #키보드 이벤트 처리, #뷰와 카메라 이동처리,#러닝 게임 플랫폼 제작

■ 제작된 모습 미리보기 및 제작 순서 안내

▪ 이번에는 요즈음 유행하는 러닝 게임으로 캐릭터가 장애물을 피해서 목표지점까지 도달해야하는 러닝게임입니다.

▪ 게임 장애물을 생성하고, 충돌 처리하는 방법을 익힐 수 있습니다.

▪ 카메라 뷰가 캐릭터를 중심으로 움직이게 처리합니다.

▪ 러닝 게임 플랫폼을 제작하는 방법을 익혀 게임 레벨을 달

리하여 더욱 재미있는 러닝 게임을 제작할 수 있는 기초가 됩니다.

프로그램 제작 순서 안내

① Player 애니메이션 스프라이트 만들기
② 메인 룸 크기 및 카메라 뷰 크기 설정
③ 게임 배경 생성하기 및 설정하기
④ 바닥(Floor) 스프라이트 및 오브젝트 만들기
⑤ 장애물 스프라이트 및 오브젝트 만들기
⑥ 룸 배경 생성 및 장애물 배치하기
⑦ 캐릭터 오브젝트 생성 및 키보드를 통한 캐릭터 움직임 처리하기
⑧ 캐릭터 이동에 따른 뷰와 카메라 이동 처리하기
⑨ 효과음과 배경음악 설정하기
⑩ 룸(화면)에 인스턴스를 생성하여 배치하기
⑪ 프로그램 실행 및 테스트 하기

■ Player 스프라이트 애니메이션 만들기

Player 스프라이트 만들기

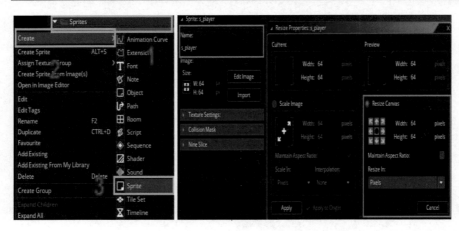

① 화면 우측 에셋 브라우저 패널의 스프라이트 폴더 선택 ▶ 마우스 우측 클릭합니다.

② 팝업메뉴에서 Create 메뉴 선택하고, Sprite 를 선택합니다.

③ 스프라이트 에디터에서 를 클릭하여 64 X 64

픽셀 사이즈로 설정해줍니다.

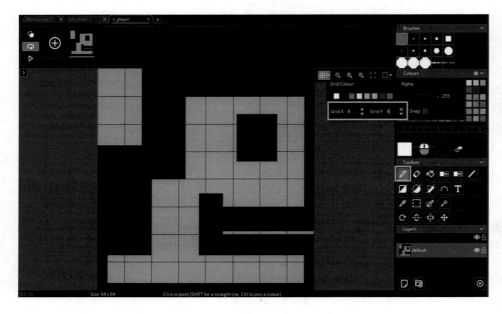

④ 스프라이트 이름은 "s_player"로 입력합니다.

① 스프라이트 에디터에서 Edit Image 를 클릭하여 이미지 에디터를 엽니다.

② 그림을 그릴 때 정교하게 그리기 위해 그리드 설정을 8 X 8로 해줍니다.

③ 그리기 툴 박스에서

펜 도구와 사각형 그리기 도구를 이용하여 위의 캐릭터 모양을 그려봅니다.

■ 메인 룸 크기 및 카메라 뷰 크기 설정

메인 룸 크기 및 카메라 뷰 크기 설정하기

게임의 무대가 될 메인 룸의 크기와 플레이어가 보이는 부분을 보여줄 카메라 뷰 크기를 설정해보겠습니다.

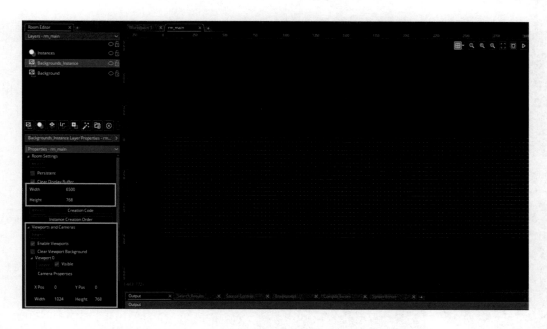

① 화면 오른쪽 에셋 브라우저 패널의 룸 폴더내 룸(Room1)을 선택합니다.

② 화면 왼쪽 룸 에디터의 하단 룸 속성 창에서 **Clear Display Buffer** 를 체크해주고, 룸의 크기를 Width: 6200, Height: 768로 설정합니다. 현재의 프로젝트에서는 룸의 넓이가 넓게 하여 게임 내 용물을 모두 사전에 배치해 놓고 플레이하는 게임을 만들 것입니다.

③ 바로 아래 Viewports and Camera 탭을 펼쳐서 카메라 뷰포트를 사용하기위해 **Enable Viewports** 를 체크하고, Viewport 0 **Visible** 이 보이도록 Visible에 체크해 줍니다.

④ Camera Properties(카메라 뷰)의 크기를 Width: 1024, Height:768로 설정합니다.

■ 게임 배경 생성하기 및 설정하기

배경 스프라이트 만들기

① 화면 우측 에셋 브라우저 패널의 스프라이트 폴더 선택 ▶ 마우스 우측 클릭 합니다.

② 팝업창에서 Create 메뉴 선택하고, **Sprite** 를 선택합니다.

③ 스프라이트 에디터에서 를 클릭하여 210 X 210 픽셀 사이즈로 설정해줍니다.

④ 스프라이트 이름은 "s_bg_tile"로 입력합니다.

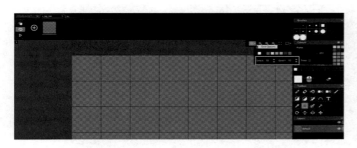

① 스프라이트 에디터에서 **Edit Image** 를 클릭하여 이미지 에디터를 엽니다.
② 그림을 그릴 때 정교하게 그리기 위해 그리드 설정을 10 X 10로 해줍니다.

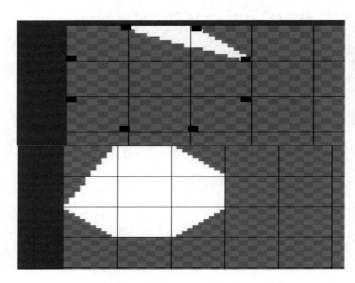

① 그리기 도구에서 ▼ 다각형 그리기 도구를 선택합니다.
② 옆의 그림의 검은 색 점 부분이 클릭하여 그릴 꼭짓점 부분을 표시한 것입니다.
① 다각형 도구를 이용하여 꼭짓점 부분을 클릭하여 육각형 모양의 도형을 그립니다.

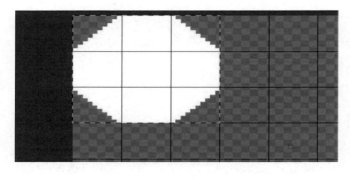

① 육각형 도형을 그린 다음 선택 도구 █ 를 이용하여 육각형 모양을 선택합니다.
② Ctrl + C를 입력하여 복사하기를 하면 그리기 패널 상단의 Brush툴에 해당 모양이 등록됩니다.

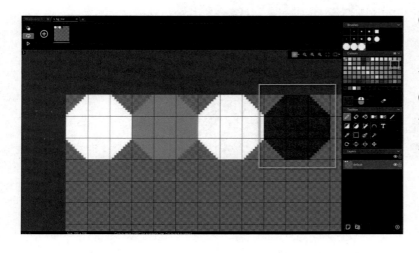

① 색상 팔레트에서 원하는 색상으로 변경한 다음 적당한 위치에 클릭하면 육각형 도형 모양이 바로 그려집니다.
② 이와 같은 방법으로 색상을 변경해 가면서 육각형 도형을 가로로 채워봅니다.

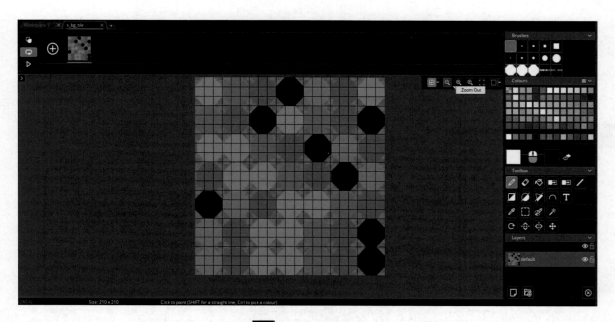

① 가로줄을 다 채운 다음 가로줄 전체를  선택 도구를 사용하여 전체를 선택한 다음 복사하기(Ctrl + C)를 합니다.

② 해당 복사한 모양으로 아래로 한 줄씩 지그재그 모양으로 채우면 됩니다. 나머지 빈 칸은 브러쉬 패널에 등록된 한 칸 육각형을 이용하여 채우기 하면 됩니다.

게임 배경 설정하기

이번 게임에서는 2개의 배경 레이어를 이용하여 게임 배경을 설정하도록 하겠습니다.

① 화면 왼쪽의 룸 에디터의 상단 레이어 패널에서 배경 레이어 추가 를 클릭하여 새로운 배경 레이어를 추가합니다.

② 새로 추가한 배경레이어 이름을 선택하여 F2키를 눌러서 Background_Instance로 변경합니다.

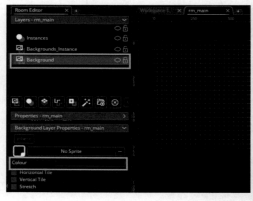

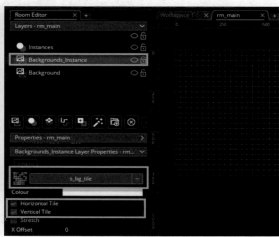

게임코딩

① 화면 오른쪽 에셋 브라우저 패널에서 Room1을 선택합니다.

② 화면 왼쪽 Room Editor의 레이어 패널에서 **Background 레이어**를 선택합니다.

③ Background 레이어 속성 창에서 Colour를 검은색 배경색으로 선택합니다.

④ 이번에는 **Background_Instance 레이어**를 선택하고 레이어 속성 창에서 배경 스프라이트로

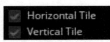 's_bg_tile'을 선택합니다.

⑤ 배경 스프라이트 이미지가 룸 전체에 나타날 수 있도록 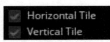 속성에 체크합니다.

■ 바닥(Floor) 스프라이트 및 오브젝트 만들기

바닥(Floor) 스프라이트 만들기

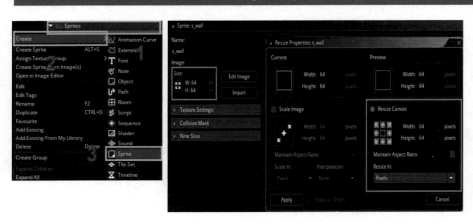

① 화면 우측 에셋 브라우저 패널의 스프라이트 폴더 선택 ▶ 마우스 우측 클릭합니다.

② 팝업메뉴에서 Create 메뉴 선택하고, **Sprite** 를 선택합니다.

③ 스프라이트 에디터에서

를 클릭하여 Resize Canvas 64 X 64픽셀 사이즈로 설정해줍니다.

④ 스프라이트 이름은 "s_wall"로 입력합니다.

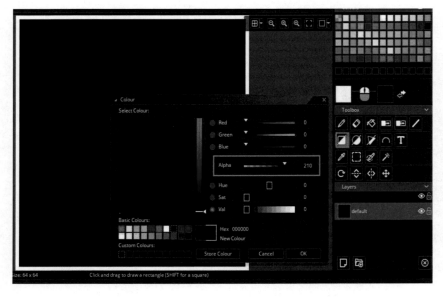

① **Edit Image** 를 클릭하여 이미지 에디터를 엽니다.

② 화면 오른쪽의 그리기 툴 상자에서 색상으로는 검은색을 선택하고, 색상의 알파값(투명도)를 조금 변경하여 사각형 채움 도구를 사용하여 위와 같은 꽉 찬 사각형 모양을 만들어 줍니다

바닥(Floor) 오브젝트 만들기

 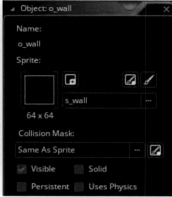

① 화면 오른쪽 에셋 브라우저 패널의 오브젝트 폴더에서 마우스 오른쪽 클릭하여 팝업창을 엽니다.

② 팝업 메뉴에서 Create – Object를 선택하여 새로운 오브젝트를 생성하여 오브젝트 이름을 "o_wall"로 설정하고, 스프라이트 선택 버튼을 클릭하여 's_wall' 스프라이트로 선택합니다.

■ 장애물 스프라이트 및 오브젝트 만들기

장애물 스프라이트 만들기

① 화면 우측 에셋 브라우저 패널의 스프라이트 폴더 선택 ▶ 마우스 우측 클릭합니다.

② 팝업창에서 Create 메뉴 선택하고, ▢ Sprite 를 선택합니다.

③ 스프라이트 에디터에서 ▦를 클릭하여 Resize Canvas에서

64 X 64픽셀 사이즈로 설정합니다.

④ 스프라이트 이름은 "s_hurdle"로 입력합니다.

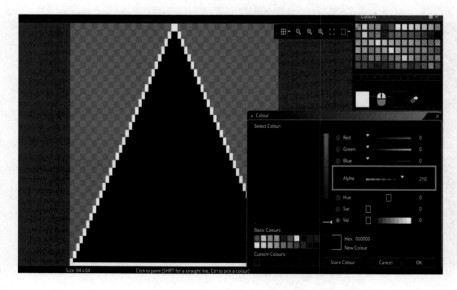

① Edit Image 를 클릭하여 이미지 에디터를 엽니다.

② 화면 오른쪽의 그리기 툴 상자에서 테두리는 흰색으로, 내부 색상으로는 검은색을 선택하고, 색상의 알파값(투명도)를 조금 변경하여 삼각형 채움 도구를 사용하여 위와 같은 꽉 찬 삼각형 모양을 만들어 줍니다.

장애물 오브젝트 만들기

① 화면 오른쪽 에셋 브라우저 패널의 오브젝트 폴더에서 마우스 오른쪽 클릭하여 팝업창을 엽니다.

② 팝업 메뉴에서 Create – Object를 선택하여 새로운 오브젝트를 생성하여 오브젝트 이름을 "o_hrudle"로 설정하고, 스프라이트 선택 버튼을 클릭하여 's_hrudle' 스프라이트로 선택합니다.

마지막 게이트 스프라이트 만들기

① 화면 우측 에셋 브라우저 패널의 스프라이트 폴더 선택 ▶ 마우스 우측 클릭합니다.

② 팝업메뉴에서 Create 메뉴 선택하고, Sprite 를 선택합니다.

③ 스프라이트 에디터에서

를 클릭하여 Resize Canvas에서 64 X 64픽셀 사이즈로 설정합니다.

④ 스프라이트 이름은 "s_end_gate"로 입력합니다.

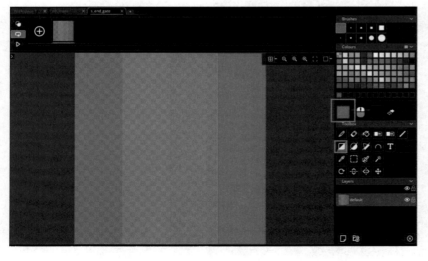

① Edit Image 를 클릭하여 이미지 에디터를 엽니다.

② 화면 오른쪽의 그리기 툴 상자에서 색상의 알파값(투명도)를 조금 변경해 가면서 사각형 채움 도구를 사용하여 위와 같은 그라디언트 형태로 사각형 띠 모양을 만들어 줍니다.

① 화면 오른쪽 에셋 브라우저 패널의 오브젝트 폴더에서 마우스 오른쪽 클릭하여 팝업창을 엽니다.
② 팝업 메뉴에서 Create – Object 를 선택하여 새로운 오브젝트를 생성하여 오브젝트 이름을 "o_end_gate"로 설정하고, 스프라이트 선택 버튼을 클릭하여 's_end_gate' 스프라이트로 선택합니다.

트램 스프라이트 만들기

① 화면 우측 에셋 브라우저 패널의 스프라이트 폴더 선택 ▶ 마우스 우측 클릭합니다.
② 팝업 메뉴에서 Create 메뉴 선택하고, Sprite 를 선택합니다.
③ 스프라이트 에디터에서 를 클릭하여 Resize Canvas에서 64 X 64픽셀 사이즈로 설정합니다.
④ 스프라이트 이름은 "s_tram"로 입력합니다.

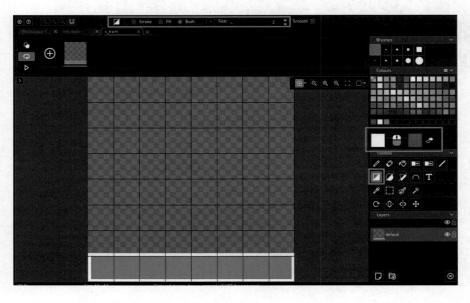

① Edit Image 를 클릭하여 이미지 에디터를 엽니다.
② 그리드를 8 X 8로 설정합니다.
③ 화면 오른쪽의 그리기 툴 상자에서 사각형 띠 모양을 만듭니다.

트램 오브젝트 만들기

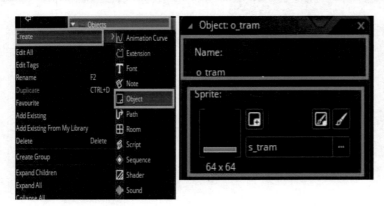

① 화면 오른쪽 에셋 브라우저 패널의 오브젝트 폴더에서 마우스 오른쪽 클릭하여 팝업창을 엽니다.

② 팝업 메뉴에서 Create – Object 를 선택하여 새로운 오브젝트를 생성하여 오브젝트 이름을 "o_tram"로 설정하고, 스프라이트 선택 버튼을 클릭하여 's_tram' 스프라이트로 선택합니다.

■ **게임 구성요소 배치하기**

게임 바닥 배치하기

화면 오른쪽 에셋 브라우저 패널의 룸 폴더내 Room1을 선택합니다. 룸 에디터 패널의 레이어 패널에서 Instances,레이어를 선택합니다. 이후 바닥을 먼저 만들고 다음으로 벽돌 장애물과 트램을 배치하도록 하겠습니다.

① o_wall오브젝트를 이용하여 바닥과 천장을 가로로 확대하여 배치합니다.

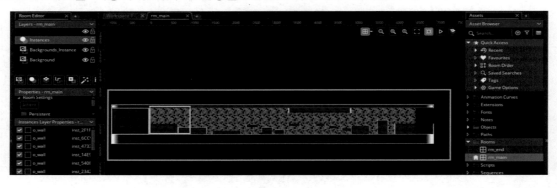

② o_wall오브젝트를 이용하여 시작 부분의 벽과 바닥을 만듭니다.

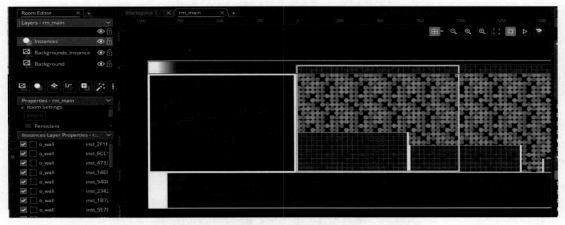

③ o_wall오브젝트를 이용하여 룸에 다양한 바닥을 만들어 줍니다.

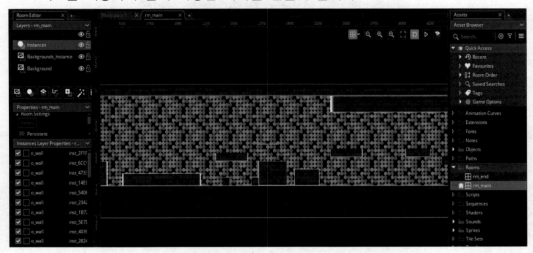

④ o_wall오브젝트를 이용하여 룸 끝부분까지 바닥을 만들어 줍니다.

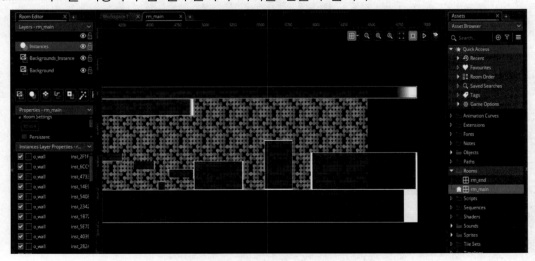

게임 장애물 배치하기

① o_hurdle 오브젝트를 선택하여 배치합니다. 마름모 모양은 o_hurdle 오브젝트를 선택하여 모서리로 마우스를 가까이 가면 회전 모양 아이콘이 나옵니다. 모서리 부분을 회전을 시켜 배치하면 됩니다.

게임코딩

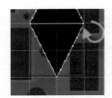

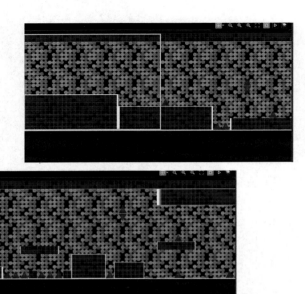

② 룸의 마지막 부분에는 o_end_gate도 함께 배치해 줍니다.

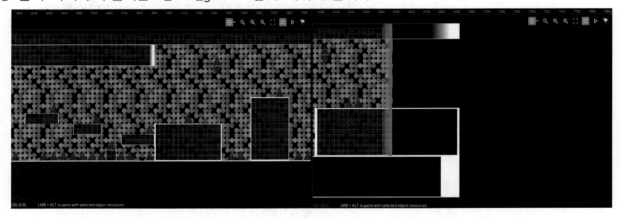

트램 배치하기

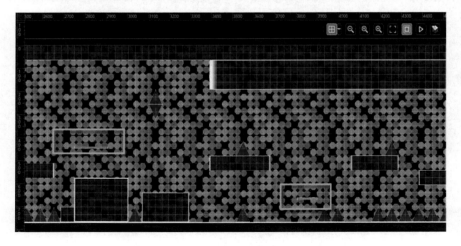

① o_tram 트램 오브젝트를 Instances 레이어 선택한 다음 룸 내 적당한 곳에 배치합니다

■ 캐릭터 오브젝트 생성 및 키보드를 통한 캐릭터 움직임 처리하기

게임 플레이어 오브젝트 만들기

① 화면 오른쪽 에셋 브라우저 패널의 오브젝트 폴더에서 마우스 오른쪽 클릭하여 팝업창을 엽니다.
② 팝업 메뉴에서 Create - Object 를 선택하여 새로운 오브젝트를 생성하여 오브젝트 이름을 "o_player"로 설정하고, 스프라이트 선택 버튼을 클릭하여 's_player' 스프라이트로 선택합니다.

게임 플레이어 이벤트 구현하기

① 화면 오른쪽 에셋 브러우저 패널에서 o_player 룰렛 오브젝트를 선택합니다.
② Variable Definitions ...를 클릭하여 플레이어의 오브젝트 움직임에 필요한 변수를 선언합니다.

변수명	값	설명
vsp	0	수직 점프 스피드
grv	0.3	중력 계수
hsp	4	수평 이동 스피드
is_collide	false	충돌 여부

① Events ⚑ 를 클릭하여 이벤트 모록창을 엽니다.
② Add Event 를 클릭하여 Step이벤트, Alarm0 이벤트, o_end_gate 충돌 이벤트, o_hurdle 충돌 이벤트, o_tram 충돌 이벤트를 추가합니다.

o_player 오브젝트의 Step 이벤트 구현

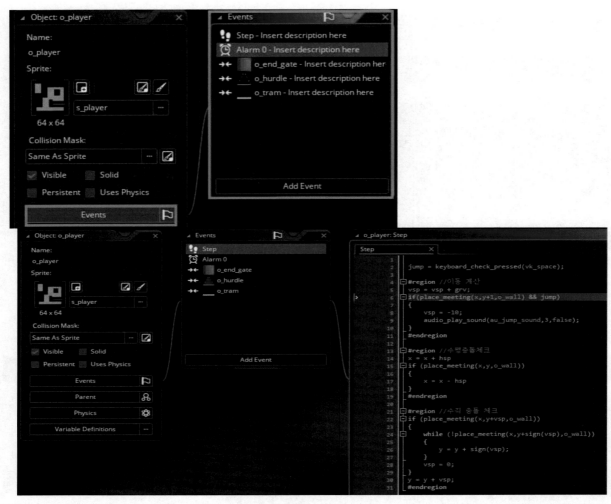

① 플레이어 오브젝트의 이동, 충돌 및 점프 처리를 위해 Step 이벤트에 다음의 코드를 입력합니다.

```
//점프 키 입력 여부 체크
jump = keyboard_check_pressed(vk_space);

#region //이동 계산
vsp = vsp + grv;

//땅에 붙어 있고, 점프키를 눌렀다면
if(place_meeting(x,y+1,o_wall) && jump)
{
        vsp = -10;
        audio_play_sound(au_jump_sound,3,false);
}
#endregion

#region //수평 충돌 체크
// 게임중에 항상 앞으로 전진하도록 설정
x = x + hsp
if (place_meeting(x,y,o_wall))
{
        x = x - hsp
}
#endregion

#region //수직 충돌 체크
if (place_meeting(x,y+vsp,o_wall))
{
        while (!place_meeting(x,y+sign(vsp),o_wall))
        {
                y = y + sign(vsp);
        }
        vsp = 0;
}
y = y + vsp;
#endregion
```

o_player 오브젝트의 Alarm 0 이벤트 구현

① 게임을 다시 시작하는 방법으로 게임 룸(rm_main)으로 다시 이동하는 방법입니다.

```
//게임 룸으로 이동
room_goto(rm_main);
```

o_player 오브젝트의 o_end_gate와 충돌 이벤트 구현

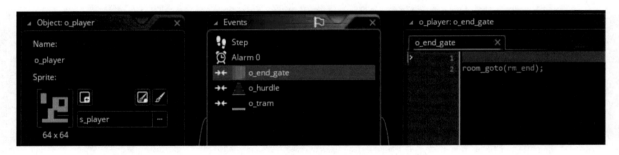

① 플레이어가 최종 목표지점에 배치되어 있는 o_end_gate와 충돌했다면 게임 종료룸으로 이동하는 코드입니다.

```
//최종 목표지점에 도달하면 rm_end 룸으로 이동하기
room_goto(rm_end);
```

o_player 오브젝트의 o_hurdle과의 충돌 이벤트 구현

① 게임 룸내 배치되어 있는 장애물인 o_hurdle과 충돌했을 경우 플레이어가 위쪽과 뒤쪽으로 약간 튀면서 Play가 종료되는 코드입니다.

```
if(!is_collide){                    //만약 허들에 연속 충돌을 방지하기 위해
    is_collide=true;
     //플레이어가 위쪽과 뒤쪽으로 약간 튐
    hsp=-1;
    vsp=-3;
    audio_play_sound(au_hit_sound,2,false);
    alarm[0]=30;                         //충돌후 다시 시작하기
}
```

o_player 오브젝트의 o_tram과의 충돌 이벤트 구현

① 플레이어가 트램에 올라 왔을 경우 위로 띄우는 코드입니다.

```
//트램에 충돌했다면 위로 띄우기
vsp = -20;
audio_play_sound(au_gotosound,3,false);
```

■ 캐릭터 이동에 따른 카메라 뷰 이동 처리하기

캐릭터 이동에 따른 카메라 뷰 오브젝트 만들기

① 카메라 뷰를 사용하기 위해 해당 룸의 속성 패널 내 Enable Viewports에 체크가 되어 있어야 합니다.

② 이동에 사용할 Viewport 0의 Visible를 체크해 주고, Camera Properties 크기를 다시 한번 체크합니다.

① 화면 우측 에셋 브라우저 패널의 오브젝트 폴더를 선택한 다음, 마우스 오른쪽을 클릭하여 새 오브젝트를 만들어 줍니다.

② 새 오브젝트는 "o_camera"라고 이름을 입력하고, 여기에서 카메라 뷰 이동 처리를 합니다.

③ 새 오브젝트의 이벤트 목록창에서 Add Event를 클릭하여 Create 이벤트와 Step이벤트를 추가합니다.

캐릭터 이동에 따른 카메라 뷰 이동 구현하기

o_camera 오브젝트의 Create 이벤트 구현

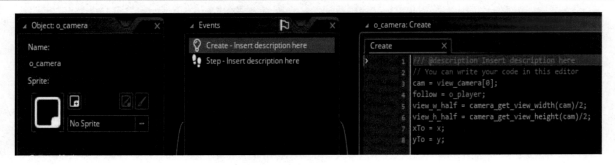

① 사용할 뷰포트와 추적할 대상에 대한 정보 및 현재 카메라 뷰포트의 크기 정보를 초기화 할 수 있도록 Create 이벤트에 다음과 같은 코드를 입력합니다.

```
//사용 체크해 준 뷰포트 카메라 뷰를 가져옴.
cam = view_camera[0];
//카메라가 추적할 대상을 지정함.
follow = o_player;
//카메라 뷰의 크기를 가져옴
view_w_half = camera_get_view_width(cam);
view_h_half = camera_get_view_height(cam);

//현재 카메라의 위치를 저장함
xTo = x;
yTo = y;
```

o_camera 오브젝트의 Step 이벤트 구현

① 카메라 뷰가 Player를 추적하여 부드럽게 계속 이동할 수 있도록 Step이벤트에 다음과 같은 코드를 입력합니다.

```
//카메라가 추적할 대상의 위치를 구함
if (instance_exists(follow)){
        xTo = follow.x;
        yTo = follow.y;
}
//카메라를 부드럽게 이동하도록 함
x += (xTo - x) / 25;
y += (yTo - y) / 25;
//카메라는 플레이어가 중앙에 위치하도록 설정함.
camera_set_view_pos(cam,x-view_w_half,y-view_h_half);
```

코드 설명	camera_set_view_pos (camera_id, x, y)	
이 함수를 사용하면 카메라 뷰의 위치를 업데이트할 수 있습니다 다음은 view_port 0의 카메라를 view_port의 넓이와 높이의 1/2만큼 좌측으로 이동하는 예시입니다. camera_set_view_pos (view_camera[0], 　　　　　　x - (view_wport[0] / 2), y - (view_hport[0] / 2));		
매개 변수	**camera_id**	사용할 카메라 ID 값입니다
	x	(방에서) 카메라 뷰를 배치 할 x 위치
	y	(방에서) 카메라 뷰를 배치 할 y 위치
반환값	없습니다.	

■ 효과음과 배경음악 설정하기

배경음악 생성하기

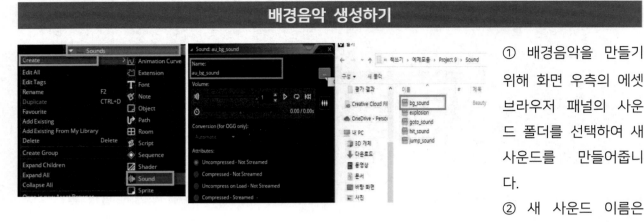

① 배경음악을 만들기 위해 화면 우측의 에셋 브라우저 패널의 사운드 폴더를 선택하여 새 사운드를 만들어줍니다.
② 새 사운드 이름은

"au_bg_sound"로 입력하고, 사운드 선택버튼을 클릭하여 Sound폴더에서 bg_sound를 선택합니다

효과음 생성하기

결승점 도착시 효과음 사운드

① 결승점 도착시 효과음으로 화면 우측의 에셋 브라우저 패널의 사운드 폴더를 선택하여 새 사운드를 만들어줍니다.
② 새 사운드 이름은 "au_gotosound"로 입

력하고, 사운드 선택버튼을 클릭하여 Sound폴더에서 goto_sound를 선택해줍니다.

점프시 효과음 사운드

① 장애물에 충돌 효과음으로 화면 우측의 에셋 브라우저 패널의 사운드 폴더를 선택하여 새 사운드를 만들어줍니다.
② 사운드 이름은 "au_hit_sound"로 입

력하고, Sound폴더에서 hit_sound를 선택해줍니다.

충돌 효과음 사운드

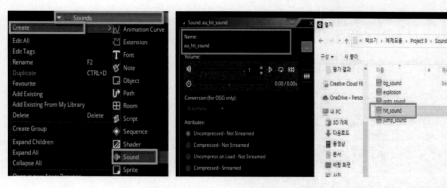

① 점프 효과음으로 화면 우측의 에셋 브라우저 패널의 사운드 폴더를 선택하여 새 사운드를 만들어 줍니다.
② 새 사운드 이름은 "au_jump_sound"로 입력

하고, 사운드 선택버튼을 클릭하여 Sound폴더에서 jump_sound를 선택해줍니다.

배경음악 설정하기

① 게임 시작시 배경음악이 재생되도록 화면 우측 에셋 브라우저 패널의 오브젝트 폴더를 선택하여 새 오브젝트를 생성해줍니다.
② 새 오브젝트 이름은 o_gamemanager로 입력하고, 이벤트 목록창에 Create라는 새 이벤트를 추가합니다.

① o_gamemanager오브젝트의 Create이벤트를 더블 클릭하여 코드 입력창을 엽니다.
② 게임 시작할 때 모든 사운드를 중지하고 배경음악만 연주되도록 설정합니다. 이렇게 하는 이유는 게임이 다시 시작될 경우 기존 배경음악이 남아 있어 중복될 수 있기 때문입니다.
③ o_gamemanager 오브젝트는 룸 에디터 레이어 패널에서 인스턴스 레이어를 선택한 다음 해당 오브젝트는 게임 룸 바깥쪽에 배치합니다.

```
//현재 사운드 모두 중지
audio_stop_all();
//배경음악 재생하기
audio_play_sound(au_bg_sound,1,true);
```

■ 룸(화면)에 인스턴스를 생성하여 배치하기

룸(화면)에 오브젝트(인스턴스) 배치하기

① 화면 오른쪽 에셋 브라우저 패널에서 룸을 선택(더블 클릭)하여 작업창에 룸이 표시 되도록 합니다.
② 화면에 이미 생성되어 있는 오브젝트들 제외한 나머지 필요한 오브젝트들을 배치하겟습니다.
③ 좌측 레이어 목록 패널에서 "Instances"레이어를 선택합니다.
④ 우측 에셋 브라우저 패널의 오브젝트 폴더 내 룸에 배치할 오브젝트들을(o_player, o_camera, o_gamemanager)를 선택하여 룸(화면)에서 적당한 곳에 배치하여 줍니다. o_camear 오브젝트와 o_gamemanager 오브젝트들은 화면 어디에 두어도 상관없습니다.
⑤ 룸에 배치된 인스턴스들은 화면 왼쪽 룸 에디터 패널의 왼쪽 인스턴스 레이어 속성창에 보입니다.

■ 실행 및 수정하기

실행 및 수정하기

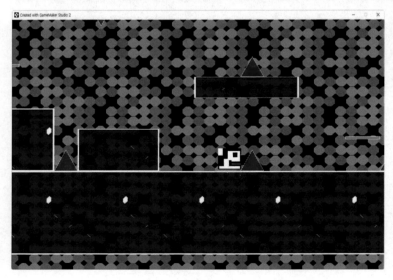

① 게임메이커 스튜디오 상단의 빠른 메뉴에서 ▶ 재생 버튼을 클릭하면 제작한 게임을 컴파일하여 결과를 별도의 실행창에서 보여줍니다. 키보드를 이용하여 캐릭터를 움직여 보고 의도한 대로 움직이는 지 확인합니다.
② 장애물과의 충돌과 카메라뷰 이동이 자연스러운지 확인합니다.
③ 오류가 있을 경우에는 하단의 output창에 오류사항이 자세하게 표시됩니다. 해당 오류 수정후 재생 버튼을 클릭하여 다시 컴파일하면 실행 결과를 볼 수 있습니다.

10	풍선 터트리기 게임	※ 예제 파일명: Project 10

무엇을 배울까요?	■ 풍선 터뜨리기 게임을 통해 폭파시 파티클 효과 사용 방법을 알게 됩니다
	#폭파 파티클 효과, #파티클 시스템, #인스턴스 교체, #상속, #스크립트

■ 제작된 모습 미리보기 및 제작 순서 안내

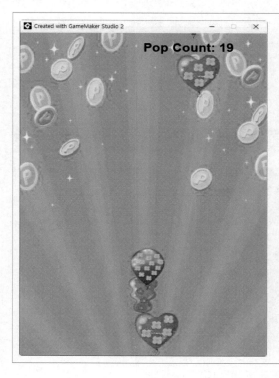

■ 이번에는 캐주얼 게임으로 마우스 클릭을 통해 풍선을 터뜨리는 게임입니다.

■ 풍선이 터질 때 파티클(폭파) 효과를 주어 터지는 효과가 나도록 합니다.

■ 여러 개 풍선의 동일한 코드 반복 사용하는 수고를 줄이기 위해 상속이라는 새로운 방법을 사용합니다.

■ 풍선이 터질 때 랜덤하게 풍선 속에서 선물이 등장하도록 하여 게임의 재미를 더할 수 있도록 할 것입니다.

프로그램 제작 순서 안내

① 풍선 스프라이트 및 오브젝트 만들기
② 풍선 움직임 설정을 위한 부모 오브젝트 만들기
③ 풍선 움직임을 위한 상속 설정하기
④ 게임메니저 오브젝트 생성하기
⑤ 배경화면 및 배경음악 설정하기
⑥ 풍선 랜덤 생성하기
⑦ 풍선 마우스 클릭시 터지기 효과 설정하기
⑧ 룸(화면)에 인스턴스를 생성하여 배치하기
⑨ 프로그램 실행 및 테스트 하기

■ 풍선 스프라이트 및 오브젝트 만들기

풍선 스프라이트 만들기

 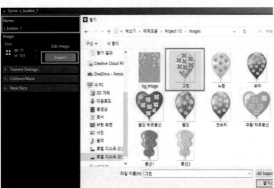

① 화면 우측의 에셋 브라우저 패널의 스프라이트 폴더를 선택하여 새 스프라이트를 만들어줍니다.

② 스프라이트 이름은 's_bubble_1'라고 지어 주고, Import 버튼을 클릭하여 해당 이미지를 불러옵니다.

③ ①,②의 방법을 반복하여 s_bubble_2 ~ s_bubble_9까지 풍선 스프라이트를 만듭니다.

풍선 오브젝트 만들기

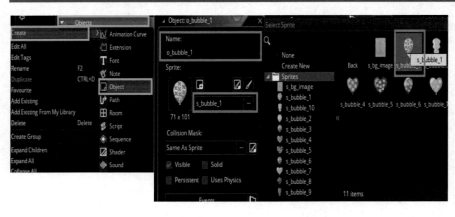

① 화면 우측의 에셋 브라우저 패널의 오브젝트 폴더를 선택하여 새 오브젝트를 만듭니다.

② 오브젝트 이름은 'o_bubble_1'라고 지어 주고, 해당 스프라이트로 's_bubble_1'을 선택합니다.

③ ①,②의 방법을 반복하여 o_bubble_2 ~ o_bubble_9까지 만듭니다.

■ 풍선 움직임 설정을 위한 부모 오브젝트 만들기(상속을 위한)

풍선 움직임 설정을 위한 부모 오브젝트 만들기

① 화면 우측의 에셋 브라우저 패널의 스프라이트 폴더를 선택하여 새 스프라이트를 만들어줍니다.

② 새 스프라이트 이름은 'o_bubble_parent'라고 만들어 줍니다.

③ 해당 오브젝트는 모든 풍선 오브젝트를 컨트롤하는 부모 역할을 할 것입니다.

부모 오브젝트의 이벤트 구현하기

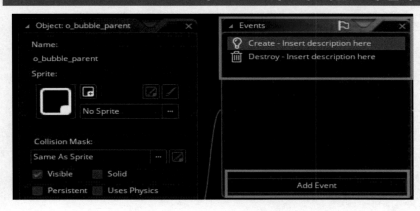

① 부모 오브젝트의 이벤트 목록에서 Add Event를 클릭하여 Create 이벤트와 Destroy이벤트를 추가합니다.

부모 오브젝트의 Create 이벤트 구현

① 풍선이 만들어질 때 풍선의 이동 속도를 설정하기 위해 Create 이벤트 코드를 아래와 같이 입력합니다.

```
//수직이동 속도를 설정합니다.
//수직이동 속도가 +이면 아래로, -이면 위로 이동합니다.
vspeed = random_range(-2,-7);
```

부모 오브젝트의 Destroy 이벤트 구현

① 풍선이 터질 때 풍선 개수를 증가시키고, 풍선 폭파 효과음과 폭파 효과(파티클)를 내기 위해 Destroy 이벤트에 다음과 같은 코드를 입력합니다.

```
o_gamemanager.pop_count++;              //풍선이 터질 때 터진 개수 증가
audio_play_sound(au_hit_pop,10,false);          //풍선 터지는 사운드 재생
scr_call_pop_event();                   //풍선 터지는 효과 호출
```

■ 상속과 부모 객체

게임메이커 스튜디오에서는 오브젝트들 사이에 계층 관계로 부모 / 자식 관계를 설정할 수 있습니다. 게임 프로젝트의 모든 오브젝트들은 부모 오브젝트를 가질 수 있습니다. 오브젝트에 부모 오브젝트가 지정된 경우 해당 부모 오브젝트의 이벤트 코드, 작업 및 변수를 모두 상속받아서 사용할 수 있습니다.

부모 오브젝트의 코드 변경만으로 자식 오브젝트 모두에게 동일한 영향을 미칠 수 있으며, 이를 통해 한번에 컨트롤할 수 있는 편리함과 함께 이후 업데이트 등의 유지보수의 편리성 또한 제공할 수 있습니다.

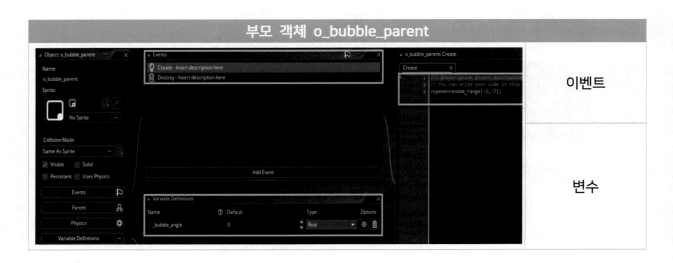

부모 객체 o_bubble_parent	
	이벤트
	변수

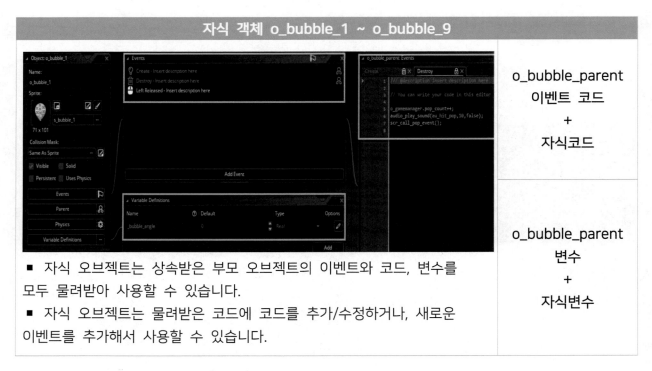

자식 객체 o_bubble_1 ~ o_bubble_9	
	o_bubble_parent 이벤트 코드 + 자식코드
■ 자식 오브젝트는 상속받은 부모 오브젝트의 이벤트와 코드, 변수를 모두 물려받아 사용할 수 있습니다. ■ 자식 오브젝트는 물려받은 코드에 코드를 추가/수정하거나, 새로운 이벤트를 추가해서 사용할 수 있습니다.	o_bubble_parent 변수 + 자식변수

자식 오브젝트들은 부모 오브젝트와 코드를 물려 받아 재사용 할 수 있을 뿐만 아니라 부모 개체를 검사하고 코드를 추가 실행할 수 있어서 상속은 객체지향프로그래밍에서 아주 효율적 개념입니다.

자식 오브젝트의 상속된 상태 설명

- 목록에서 연한 색으로 되어 있는 항목은 부모에게서 상속받은 항목으로 현재 상태에서는 삭제나 수정이 불가합니다.
- 이벤트를 더블클릭하면 부모오브젝트에서 작성한 코드를 볼 수 있습니다.
- 목록에서 밝은 색으로 되어 있는 항목은 현재 오브젝트에서 추가한 항목입니다.

자식 오브젝트에서 상속 이벤트 다루기

- **Open Parent Event:** 부모 오브젝트의 이벤트 코드 에 접근하여 수정할 수 있습니다.

- **Inherit Event:** 부모 오브젝트의 이벤트 코드를 실행하고, 현재 이벤트에 자식 오브젝트의 이벤트 코드를 추가할 수 있습니다.

event_inherited() 코드는 해당 부분에서 부모 오브젝트의 이벤트 코드를 호출합니다. 해당 코드를 제일 상단에 두고 새로운 코드를 추가하는 것이 일반적입니다.

- **Override Event:** 부모 이벤트를 무시하고 자식 오브젝트에서 작성한 코드로만 이벤트가 작동하도록 코드를 작성할 수 있습니다.

부모 오브젝트에서 상속받고 있는 자식 오브젝트 보기

- 부모 오브젝트 편집창에서 Parent 를 클릭하면 Children 목록에 현재의 부모를 상속받고 있는 자식 오브젝트들의 목록이 나옵니다. 자식 오브젝트를 더블 클릭하면 바로 해당 자식 오브젝트 편집 창으로 이동할 수 있습니다.

■ 자식 오브젝트 목록창 바로 위 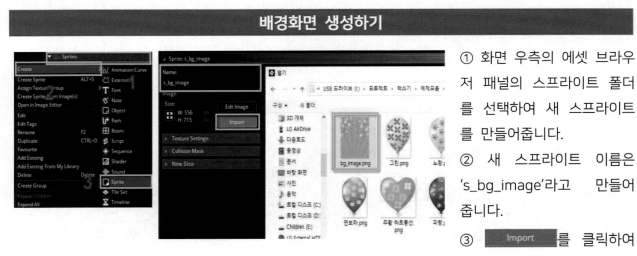 버튼을 클릭하면 상속받을 자식 오브젝트를 추가할 수 있습니다.

■ 배경화면과 배경음악

배경화면 생성하기

① 화면 우측의 에셋 브라우저 패널의 스프라이트 폴더를 선택하여 새 스프라이트를 만들어줍니다.
② 새 스프라이트 이름은 's_bg_image'라고 만들어줍니다.
③ **Import** 를 클릭하여

배경화면으로 사용할 이미지를 불러오기 합니다.

배경화면 설정하기

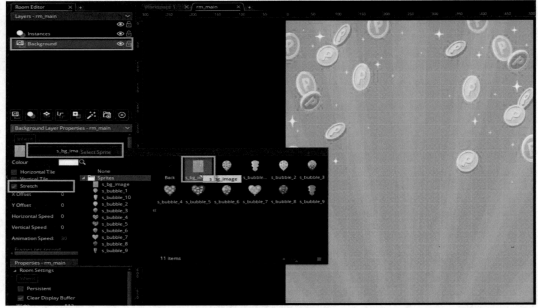

① 화면 왼쪽의 룸 에디터의 레이어 패널에서 Background 레이어를 선택합니다.
② Background 레이어 속성 창에서 배경화면으로 사용할 스프라이트로 s_bg_image를 선택해줍니다.
③ Background 레이어 배경화면 속성으로 Stretch를 체크하여 이미지를 가로, 세로로 꽉 차게 만들어 줍니다.

배경음악 생성하기

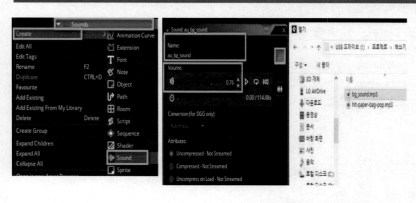

① 화면 우측의 에셋 브라우저 패널의 사운드 폴더를 선택하여 새 사운드를 만들어줍니다.

② 새 사운드 이름은 'au_bg_sound'라고 만들어 줍니다.

③ ■■■를 클릭하여 배경음악으로 사용할 사운드를 불러오기 합니다.

④ 사운드 볼륨크기를 0.7 정도로 맞추고 ▶ 재생하기 버튼을 클릭하여 해당 사운드를 들어봅니다.

■ 풍선 클릭시 터지는 효과

풍선을 클릭했을 때 터지는 효과를 주기 위해 게임메이커 스튜디오에서 제공한느 파티클 시스템을 사용할 것입니다. 파티클 시스템을 계속하여 생성하면 시스템 자원을 많이 차지하므로 동일한 파티클 시스템 설정을 계속하여 사용하는 경우에는 한 번 생성한 다음 글로벌 변수에 저장한 다음 필요할 때마다 이를 사용하면 됩니다.

풍선 클릭시 터지는 효과음 생성하기

① 화면 우측의 에셋 브라우저 패널의 사운드 폴더를 선택하여 새 사운드를 만들어줍니다.

② 새 사운드 이름은 'au_hit_pop'라고 만들어 줍니다.

③ ■■■를 클릭하여 효과음으로

사용할 사운드 리소스를 불러오기 합니다.

풍선 클릭시 터지는 효과 스크립트 생성하기

scr_init_pop_event 스크립트 구현하기

```
1  // Script assets have changed for v2.3.0 see
2  // https://help.yoyogames.com/hc/en-us/articles/360005277377 for more
3  function scr_init_pop_event(){
4      global.Sname=part_system_create();
5      global.particle1 = part_type_create();
6      part_type_shape(global.particle1,pt_shape_disk);
7      part_type_size(global.particle1,0.10,0.10,0,0);
8      part_type_scale(global.particle1,1,1);
9      part_type_color1(global.particle1,random_range(0,17000000));
10     part_type_alpha1(global.particle1,1);
11     part_type_speed(global.particle1,1,1,0,0);
12     part_type_direction(global.particle1,0,359,0,0);
13     part_type_gravity(global.particle1,0,270);
14     part_type_orientation(global.particle1,0,0,0,0,1);
15     part_type_blend(global.particle1,1);
16     part_type_life(global.particle1,40,60);
17
```

게임코딩

① 화면 우측의 에셋 브라우저 패널의 스크립트 폴더를 선택하여 새 스크립트를 만들어줍니다.
② 스크립트 이름은 scr_init_pop_event이라고 입력합니다.
③ 해당 스크립트는 풍선이 터질 때의 파티클 효과를 설정해주는 코드입니다.

```
//파티클 시스템 생성하여 글로벌 변수에 저장.
global.Sname=part_system_create();
//파티클 타입 생성하여 글로벌 변수에 저장
global.particle1 = part_type_create();
//파티클 종류 설정
part_type_shape(particle1,pt_shape_disk);
//파티클 크기 설정.
part_type_size(particle1,0.10,0.10,0,0);
//파티클 크기 확대 설정.
part_type_scale(particle1,1,1);
//파티클 색깔 설정
part_type_color1(particle1,random_range(0,17000000));
//파티클 투명도 설정.
part_type_alpha1(particle1,1);
//파티클이 퍼져갈 속도 설정.
part_type_speed(particle1,1,1,0,0);
//파티클의 방향 설정.
part_type_direction(particle1,0,359,0,0);
//파티클에 대한 중력 작용정도 설정.
part_type_gravity(particle1,0,270);
//파티클이 퍼져갈 때의 이미지 방향 설정
part_type_orientation(particle1,0,0,0,0,1);
//파티클이 겹쳐질 때 혼합 여부 설정
part_type_blend(particle1,1);
//파티클 입자의 남아 있는 수명 설정
part_type_life(particle1,40,60);
```

scr_call_pop_event 스크립트 구현하기

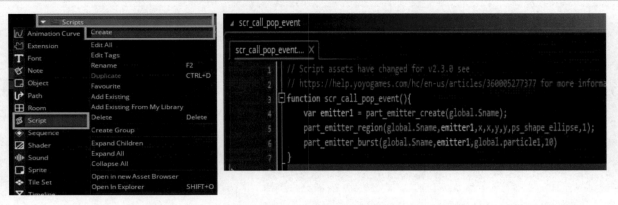

① 화면 우측의 에셋 브라우저 패널의 스크립트 폴더를 선택하여 새 스크립트를 만들어줍니다.

② 스크립트 이름은 scr_call_pop_event이라고 입력합니다.

③ 해당 스크립트는 실제 파티클 시스템을 실행하는 코드입니다.

```
//파티클 방사체 생성
var emitter1 = part_emitter_create(global.Sname);

//파티클이 방사될 영역 지정
part_emitter_region(global.Sname,emitter1,x,x,y,y,ps_shape_ellipse,1);

//파티클 방사 실행하기
part_emitter_burst(global.Sname,emitter1,global.particle1,10)
```

■ 게임매니저 오브젝트 만들기

게임매니저 오브젝트 생성하기

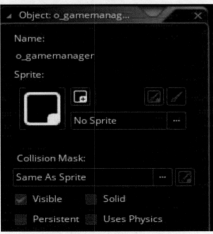

① 화면 우측의 에셋 브라우저 패널의 오브젝트 폴더를 선택하여 새 오브젝트를 만듭니다.

② 새 오브젝트의 이름은 'o_gamemanager'라고 입력합니다.

게임코딩

게임매니저 오브젝트 이벤트 구현하기

① Variable Definitions 을 클릭하여
필요한 변수를 추가해줍니다.

② 변수 선언창 하단에 있는 **Add**
버튼을 클릭하여 pop_count 변수를 추
가합니다. 해당 변수는 풍선 부모 오브
젝트의 Destroy이벤트 코드에서 사용합
니다.

변수명	값	설명
pop_count	0	풍선이 터진 개수

① o_gamemanager 오브젝트에 세 개의
이벤트(Create 이벤트, Alarm 0 이벤트,
Draw 이벤트)를 추가합니다.

o_gamemanager 오브젝트의 Create 이벤트 구현

① 풍선을 랜덤하게 생성하기 위한 코드와 폭파 효과를 위한 초기화, 배경음악 재생 관련하여
Create 이벤트에 아래와 같이 코드를 입력합니다.

```
//풍선 폭파효과 초기화
scr_init_pop_event();
//풍선을 생성하는 알람 호출
alarm[0]=random_range(10,80);
//배경음악 재생
audio_play_sound(au_bg_sound,5,true);
```

o_gamemanager 오브젝트의 Alarm 0 이벤트 구현

① 풍선 오브젝트 위치와 종류를 랜덤하게 생성하기 위해 Alarm 0에 아래와 같은 코드를 입력합니다.

```
//풍선이 생성될 위치 설정
var _x = random_range(71,room_width-71);
var _y =  room_height + 144;

//풍선 종류 선택
var _object=choose(o_bubble_1,o_bubble_2,o_bubble_3,o_bubble_4,
o_bubble_5, o_bubble_6,o_bubble_7,o_bubble_8,o_bubble_9,o_bubble_10);

//풍선 생성하기
instance_create_layer(_x,_y,"Instances",_object);

//alarm 다시 호출하기
alarm[0]=random_range(10,80);
```

■ 파티클 시스템

게임메이커 스튜디오에서는 게임에서 빠르고 다양한 그래픽 효과를 그릴 수 있는 파티클 시스템을 사용할 수 있으며, CPU 부담없이 없이 게임에서 폭발, 데칼, 비, 눈, 별 필드 및 잔해와 같은 아름답고 화려한 효과를 만드는 데 매우 유용합니다.

파티클이란 파티클 시스템 내에 정의된 특정 속성을 가진 그래픽 리소스를 뜻하고, 파티클 개별 입자에 대한 속성은 개발자가 직접 조작할 수는 없지만, 개별 입자와 그 입자가 속한 시스템을 정의하는 데 사용되는 코드를 통해 설정될 수 있습니다.

파티클 시스템의 기본 설정은 아래 세 단계로 이루어집니다.

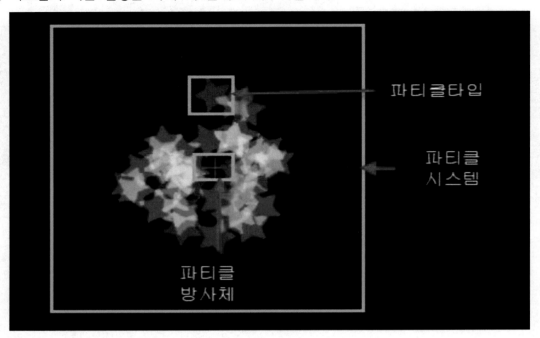

파티클 시스템 만들기	파티클 시스템은 다양한 파티클 유형을 담아 놓을 상자와 같습니다. 우리는 코드를 사용하여 입자에 대한 일련의 시각적 측면과 동작을 정의한 다음 나중에 필요할 때 언제 어디서나 사용할 수 있도록 합니다.
입자 유형 만들기	입자 유형은 그래픽 효과 자체입니다. 다양한 색상, 알파, 크기 및 움직임을 가진 다양한 유형을 가질 수 있지만, 개별 입자들을 일일이 제어 할 수는 없습니다.
방사체 만들기	방사체는 매우 명확하게 정의된 한계 내에서 입자를 1회성으로 폭파시키거나 연속적으로 폭파시키는 사용할 수 있는 옵션입니다.

파티클은 효과를 만들기 위한 훌륭한 도구이지만, 게임 성능이 저하되거나 충돌이 발생하지 않도록 하려는 경우를 제외하고 따라야 하는 조금의 제한 사항과 사용 방법에 대해 알 필요가 있습니다.

파티클 사용에 관한 제한 사항

■ 파티클 시스템, 파티클 및 방사체는 메모리를 차지하므로 메모리 누수를 유발하여 게임 속도가 느려지고 결국 충돌 할 수 있으므로 사용 방법에 매우 주의해야 합니다.

 - 게임 시작시 정의되고 모든 것이 제거되는 글로벌 파티클 시스템을 갖는 것입니다.

 - 동적 시스템을 원한다면 각 파티클과 방사체를 필요할 때 생성하고, 종료된 다음 파괴해 주어야 합니다

■ 입자는 단순한 그래픽 요소로 다른 오브젝트와는 전혀 상호 작용하지 않습니다.

■ 한 게임에서 만들 수 있는 시스템, 방사체 및 파티클의 양에는 기술적 제한이 없지만 메모리 사용을 가능한 한 낮게 유지하려면 가능한 한 모든 것을 최소한으로 제한하는 것이 좋습니다.

■ 파티클을 생성하는 가장 쉬운 방법은 내장 효과 메커니즘을 사용하는 것입니다. 이러한 효과는 기본적으로 그래픽 효과만 그리는 매우 빠른 방법인 내부 파티클 시스템을 사용하여 만들어지므로 이러한 기능을 사용할 때 메모리 관리와 같은 모든 세부 사항에 대해 걱정할 필요가 없습니다.

■ 파티클 시스템을 모두 사용하고 룸 이동하거나 게임을 다시 시작할 때 이것이 계속 남아 있으므로 필요없는 경우에는 반드시 파티클 시스템, 파티클 입자유형, 파티클 방사체 모두를 파괴해 주어야 시스템 리소스를 확보할 수 있습니다.

파티클 시스템		
파티클 시스템은 다양한 파티클 유형을 담아 놓을 상자와 같습니다. 우리는 코드를 사용하여 입자에 대한 일련의 시각적 측면과 동작을 정의한 다음 나중에 필요할 때 언제 어디서나 사용할 수 있도록 합니다.		
* ind = part_system_create()로 생성된 파티클 시스템 고유 ID		
내장 함수	반환값	설명
part_system_create()	파티클 시스템 인덱스	새로운 파티클 시스템을 만드는 데 사용되며 해당 시스템의 인덱스 번호를 반환합니다. 시스템에 관리되는 레이어가 할당되고 이 레이어는 내부적으로 관리됩니다.
part_system_exists(ind)	true /false	주어진 파티클 시스템이 게임에 존재하는지 여부를 확인할 수 있습니다.
part_system_create_layer(layer_id, persistent)	파티클 시스템 인덱스	이 함수는 주어진 레이어에 새로운 파티클 시스템을 만듭니다. persistent를 false로 지정하면 룸 종료될 때 자동으로 파괴됩니다. true이면 개발자가 직접 파괴해주어야 합니다.
part_system_get_layer(ind)	레이어 ID	주어진 파티클 시스템의 고유한 레이어 ID 값을 검색하는 데 사용할 수 있습니다
part_system_layer(ind, layer)	없음	이 기능은 파티클 시스템을 현재 레이어에서 새 레이어로 전환하는 데 사용할 수 있습니다.

내장 함수	반환값	설명
part_system_depth(ind, depth)	없음	이 기능을 사용하면 파티클 시스템의 파티클 생성 깊이를 설정할 수 있습니다. 드로우 깊이가 낮을수록 더 높은 것으로 그려진 모든 물체 위에 나타납니다.
part_system_position(ind, x, y)	없음	이 기능을 사용하면 룸 위치를 기준으로 입자 시스템의 기본 위치를 설정할 수 있습니다.
part_system_clear(ind)	없음	이 기능을 사용하면 주어진 파티클 시스템을 기본 상태로 지웁니다.
part_system_destroy(ind)	없음	이 기능을 사용하면 주어진 파티클 시스템을 파괴하고 메모리에서 제거 할 수 있습니다.
part_particles_clear(ind)	없음	이 기능을 사용하면 시스템에서 현재 생성 한 모든 입자를 룸에서 지울 수 있습니다.
part_particles_count(ind)	없음	이 기능을 사용하면 파티클 시스템에 현재 파티클에서 생성된 파티클이 있는지 확인할 수 있으며 그 개수도 반환합니다

파티클 입자 유형

입자 유형은 그래픽 효과 자체입니다. 다양한 색상, 알파, 크기 및 움직임을 가진 다양한 유형을 가질 수 있지만, 개별 입자들을 일일이 제어 할 수는 없습니다.

* type_ind = part_type_create ()로 생성된 파티클 입자 유형 고유 ID

내장 함수	반환값	설명
part_type_exists (type_ind)	true /false	이 기능을 사용하면 주어진 파티클 유형이 게임에 존재하는지 여부를 확인할 수 있습니다.
part_type_create ()	파티클 ID	이 기능을 사용하면 새로운 입자 유형을 생성 할 수 있습니다.
part_type_destroy(type _ind)	없음	이 기능을 사용하면 게임에서 지정된 입자 유형을 제거 할 수 있습니다. 이 기능을 사용하면 주어진 유형의 모든 입자가 방에서 사라지고 입자 자체가 메모리에서 제거되므로이 기능은 더 이상 입자가 필요하지 않은 경우에만 사용해야합니다.
part_type_clear (type_ind)	없음	이 기능을 사용하면 입자를 "재설정"하여 입자와 관련된 각 기능 (수명, 색상, 알파, 방향 등)의 모든 값을 기본값으로 되돌릴 수 있습니다.

part_type_shape(type_ind,shape)	없음	이 함수를 사용하면 입자 유형에 사용할 스프라이트 모양을 설정할 수 있으며 다음 상수가 허용됩니다.
part_type_sprite(type_ind,sprite, animate, stretch, random);	없음	이 기능은 커스텀 스프라이트를 사용하도록 파티클 유형을 설정하는 데 사용할 수 있습니다
part_type_size(type_ind, size_min, size_max, size_incr, size_wiggle)	없음	이 기능은 입자가 생성 될 때 입자의 크기를 결정하는 데 사용되며 시간이 지남에 따라 입자의 크기를 늘리거나 줄이는 데에도 사용할 수 있습니다.
part_type_scale(type_ind,xscale, yscale)	없음	이 기능은 다른 크기 변경 전에 입자의 수평 및 수직 스케일을 설정합니다. 이 함수는 스프라이트 크기의 비율에 대해 작동하므로 1 (기본값)의 값은 1 : 1 비율이므로 0.5는 1/2과 2 배가 됩니다.

타입 모양	설명
pt_shape_pixel	1x1 픽셀 (이것이 기본 설정입니다.)
pt_shape_disk	채워진 원.
pt_shape_square	채워진 사각형.
pt_shape_line	8px 너비의 수평선입니다.
pt_shape_star	별 다섯 개로 채워진 별.
pt_shape_circle	3px 윤곽선 원.
pt_shape_ring	안쪽으로 빛나는 원 (거품 모양)
pt_shape_sphere	가운데가 바깥쪽으로 뾰족한 원이 바깥쪽으로 빛납니다.
pt_shape_flare	거칠게 빛나는 점 (밤에는 실제 별 모양).
pt_shape_spark	여러 포인트가 사라지는 별과 같은 스파크 효과.
pt_shape_explosion	짙은 연기 구름은 폭발과 유사하게 여러 색상이 필요합니다.
pt_shape_cloud	얇은 구름은 구름을 닮기 위해 확장 및 여러 입자가 필요합니다.
pt_shape_smoke	폭발 효과의 매끄러운 버전. 연기 구름을 만들려면 여러 개를 사용해야 합니다.
pt_shape_snow	일반적인 눈송이 모양.

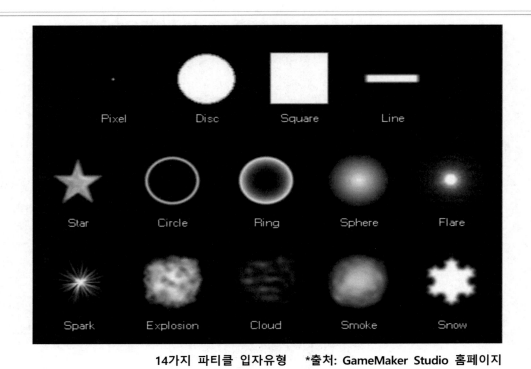

14가지 파티클 입자유형   *출처: GameMaker Studio 홈페이지

파티클 방사체

파티클 방사체는 다른 형태와 분포를 가질 수 있는 화면 영역에서 파티클을 방출 하는 데 사용됩니다. 또한 함수의 사용 방식에 따라 연속적인 입자 스트림을 만들거나 한 번에 여러 개의 입자를 방사 할 수 있습니다. 파티클 방사체는 동적으로 생성된 리소스이므로 함수 호출에서 방사체를 참조 할 수 있도록 반환된 방사체 ID를 변수에 저장하고 사용해야 합니다.

* e_ind = part_type_create ()로 생성된 파티클 입자 유형 고유 ID
*ps_ind = part_system_create()에서 생성된 파티클 시스템 고유 ID
* type_ind = part_type_create ()로 생성된 파티클 입자 유형 고유 ID

내장 함수	반환값	설명
part_emitter_exists (ps_ind, e_ind)	true /false	주어진 입자 방사체가 주어진 시스템에 존재하는지 여부를 확인할 수 있습니다.
part_emitter_create (ps_ind)	방사체 ID	새로운 방사체를 생성하고 주어진 파티클 시스템에 할당하는 데 사용합니다.
part_emitter_clear (ps_ind, e_ind)	없음	지정된 방사체 시스템에서 지정된 방사체를 기본 상태로 되돌릴 수 있습니다. 이렇게 하면 해당 시점에서 방사체에서 스트리밍되는 파티클이 중지되며 방사체를 다시 사용하려면 part_emitter_region() 함수를 사용하여 영역 위치 및 파티클 유형을 다시 설정해야 합니다

part_emitter_region (ps_ind,e_ind, xmin, xmax, ymin, ymax, shape, distribution);	없음	현재 룸 내에서 방사체 입자가 퍼져갈 영역을 설정하는 데 사용됩니다. 함수 내에서 영역의 경계 상자를 지정한 다음 지정되어 있는 상수값 하나를 사용하여 이 경계 상자 내의 최종 방사체 모양과 모양 내의 입자 분포를 정의합니다

shape 유형	설명
ps_shape_rectangle	주어진 영역을 채우는 직사각형 모양.
ps_shape_ellipse	넓이와 높이가 영역에 의해 정의 된 타원.
ps_shape_diamond	절반 너비와 절반 높이에 포인트가있는 다이아몬드 모양.
ps_shape_line	시작점이 왼쪽과 위쪽이고 끝점이 오른쪽과 아래쪽인 단일선.

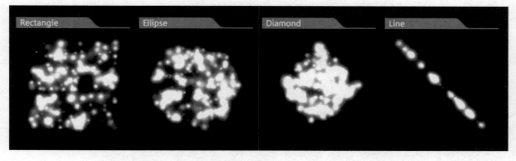

4가지 형태의 방사체 모양(Shape) *출처: GameMaker Studio 홈페이지

distribution 유형	설명
ps_distr_linear	모든 입자가 영역의 어느 곳에 나 나타날 가능성이 동일한 선형 분포입니다.
ps_distr_gaussian	가장자리보다는 중앙에서 더 많은 입자가 생성되는 가우스 분포입니다.
ps_distr_invgaussian	중심보다 가장자리에서 더 많은 입자가 생성되는 역 가우스 분포입니다.

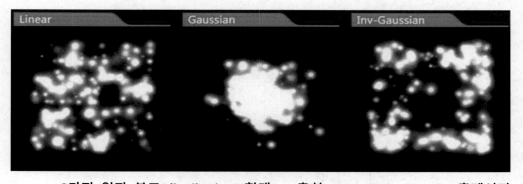

3가지 입자 분포(distribution) 형태 *출처: **GameMaker Studio 홈페이지**

part_emitter_burst (ps_ind, e_ind, type_ind, emitter_number);	없음	미리 정의된 유형의 방사체를 1회 실행할 수 있습니다.
part_emitter_stream (ps_ind, e_ind, type_ind, emitter_number);	없음	미리 정의된 유형의 방사체를 연속적으로 실행할 수 있습니다.
part_emitter_destroy(ps_ind, e_ind)	없음	지정된 파티클 시스템에서 지정된 방사체를 제거하고 메모리에서 지 웁니다.
part_emitter_destroy_all(ps_ind)	없음	지정된 파티클 시스템에서 모든 방사체를 제거하고 메모리에서 지 웁니다.

■ 룸(화면)에 인스턴스를 생성하여 배치하기

룸(화면)에 오브젝트(인스턴스) 배치하기

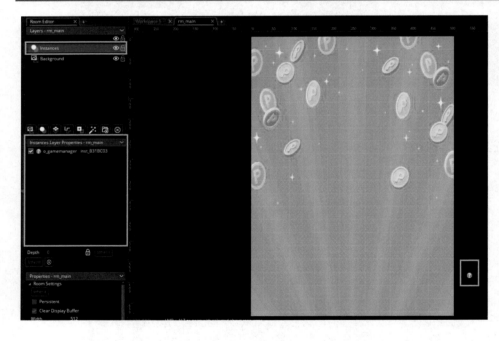

① 에셋 브라우저 패널에서 룸을 선택(더블클릭)하여 작업창에 룸이 표시 되도록 합니다.
② 화면에 이미 생성되어 있는 오브젝트들 제외한 나머지 필요한 오브젝트들을 배치하겠습니다.
③ 룸 에디터의 화면 왼쪽 레이어 목록 패널에서 "Instances"레이어를 선택합니다.

④ 화면 오른쪽 에셋 브라우저 패널의 오브젝트 폴더내 룸에 배치할 오브젝트 를(o_gamemanager)를 선택하여 룸(화면)에서 적당한 곳에 배치하여 줍니다.

o_gamemanager 오브젝트는 화면 어디에 두어도 상관없지만 일반적으로 룸 바깥에 두어 관리하는 것이 좋습니다.

⑤ 룸에 배치된 인스턴스들은 화면 왼쪽 룸 에디터 패널의 왼쪽 인스턴스 레이어 속성창에 보입니다.

■ 실행 및 수정하기

실행 및 수정하기

① 게임메이커 스튜디오 상단의 빠른 메뉴에서 ▶ 재생 버튼을 클릭하면 제작한 게임을 컴파일하여 결과를 별도의 실행창에서 보여줍니다. 마우스를 클릭하여 풍선이 제대로 터지는지 확인합니다.

② 풍선이 터질 때의 폭파효과(파티클 효과)를 확인합니다.

③ 오류가 있을 경우에는 하단의 output창에 오류사항이 자세하게 표시됩니다. 해당 오류 수정후 재생버튼을 클릭하여 다시 컴파일하면 실행 결과를 볼 수 있습니다.

메모하기

11	아타리 퐁 게임	※ 예제 파일명: Project 10

무엇을 배울까요?	■ 자동으로 인스턴스를 제어하는 방법에 대해 알게 됩니다.
	#자동 움직임 설정하기,#게임 시작 종료 처리,#게임 스코어 처리

■ 제작된 모습 미리보기 및 제작 순서 안내

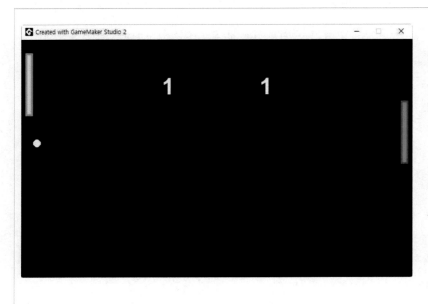

■ 이번에는 캐주얼 게임으로 스티브 잡스가 일했던 게임회사에서 만든, 오락실에서 아주 유명했던 전설의 아타리 게임입니다.

■ 볼이 막대에 부딪히는 각도에 따라 공의 움직이는 방향도 바뀌도록 합니다.

■ 볼의 움직임에 따라 컴퓨터의 막대도 같이 움직일 수 있도록 설정합니다.

■ 막대로 받지 못하면 점수를 잃는 게임으로 일정 시간을 두고 다시 게임이 자동으로 시작되며, 공의 방향은 랜덤하게 시작합니다.

프로그램 제작 순서 안내

① 공과 막대 스프라이트 및 오브젝트 만들기

② 게임매니저 오브젝트 생성하기

③ 사용자 막대 오브젝트 움직임 설정하기

④ 컴퓨터 막대 오브젝트 움직임 설정하기

⑤ 공 움직임 설정하기

⑥ 게임 시작, 종료 및 스코어 처리하기

⑦ 룸(화면)에 인스턴스를 생성하여 배치하기

⑧ 프로그램 실행 및 테스트 하기

■ 공과 막대 스프라이트 및 오브젝트 만들기

공 스프라이트 만들기

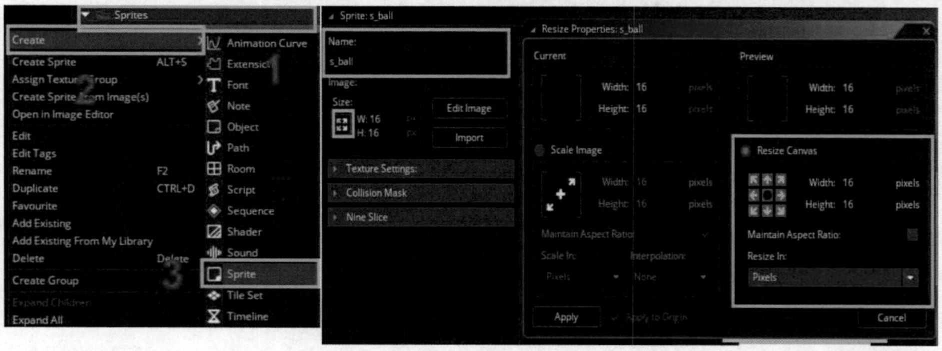

① 화면 오른쪽 에셋 브라우저 패널의 스프라이트 폴더를 선택하여 새 스프라이트를 만들어줍니다.

② 새 스프라이트 이름은 's_ball'라고 입력하고, 사이즈 조절 버튼을 클릭하여 캔버스 사이즈를 16 X 16 으로 설정합니다.

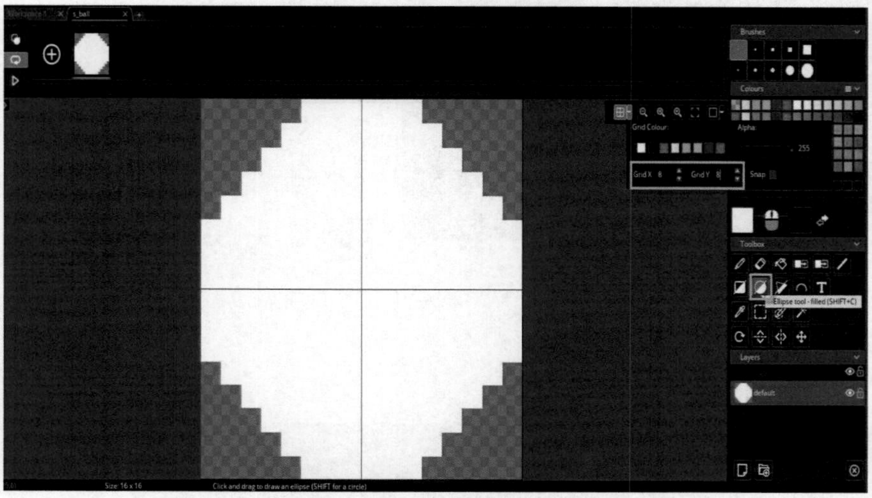

① Edit Image를 클릭하여 이미지 에디터를 엽니다.

② 그리드 눈금을 8 X 8로 설정합니다.

③ 그리기 툴 상자에서 원 도구를 사용하여 화면 중앙에 꽉 찬 원 모양을 만듭니다.

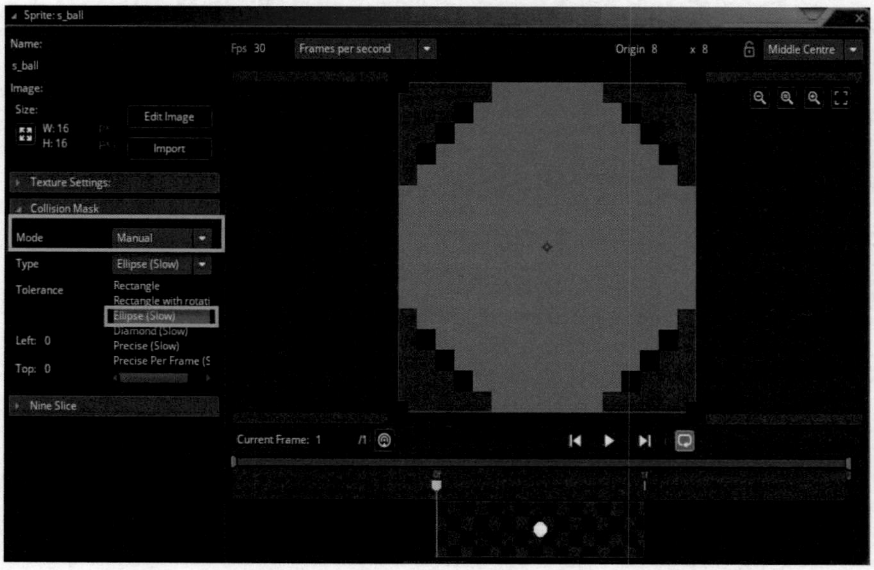

① 스프라이트 에디터 화면 좌측의 Collision Mask 탭을 클릭합니다.

② 마스크 Mode를 Manual(수동)으로 변경하고, 마스크 Type을 Ellipse(원모양)으로 선택해줍니다.

③ 테두리의 검은색 점을 이용하여 크기를 조절할 수 있습니다.

공 오브젝트 만들기

① 화면 우측의 오브젝트 폴더를 선택하여 새 오브젝트 만들기를 합니다.

② 새 오브젝트 이름은 'o_ball'로 입력합니다.

③ 해당 오브젝트의 스프라이트는 's_ball'로 선택합니다.

막대 1 스프라이트 만들기

① 화면 우측의 에셋 브라우저 패널의 스프라이트 폴더를 선택하여 새 스프라이트를 만들어줍니다.

② 새 스프라이트 이름은 's_paddle'라고 지어 주고, 사이즈 조절 버튼을 클릭하여 캔버스 사이즈를 16 X 128 로 설정해줍니다.

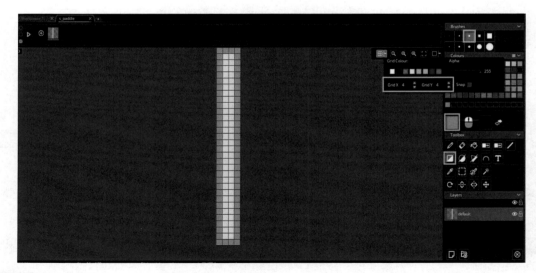

① Edit Image 를 클릭하여 이미지 에디터를 엽니다.

② 그리드 눈금을 4 X 4 로 설정합니다.

③ 사각형 도구를 사용하여 주황색의 꽉 찬 사각형을 먼저 그립니다. 다음으로 노란색의 사각형을 화면 중앙에 그려줍니다.

④ 새 오브젝트 만들기하여 'o_my_paddle'라는 이름으로 오브젝트를 만들어 줍니다.

막대 2 스프라이트 만들기

① 화면 우측의 에셋 브라우저 패널의 스프라이트 폴더를 선택하여 새 스프라이트를 만들어줍니다.

② 스프라이트 이름은 's_paddle_com'라고 지어 주고, 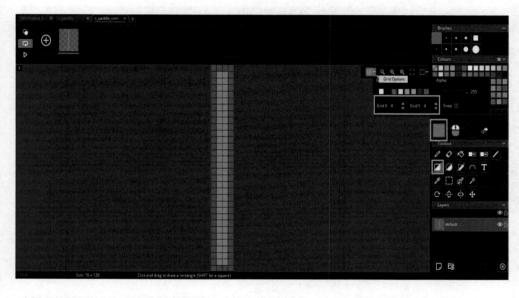사이즈 조절 버튼을 클릭하여 캔버스 사이즈를 16 X 128 로 설정해줍니다.

① Edit Image 를 클릭하여 이미지 에디터를 엽니다.

② 그리드 눈금을 4 X 4로 설정합니다.

③ 사각형 도구를 사용하여 녹색의 꽉 찬 사각형을 먼저 그립니다. 다음으로 연두색의 사각형을 화면 중앙에 그려줍니다.

③ 새 오브젝트 만들기하여 'o_com_paddle'라는 이름으로 오브젝트를 만들어 줍니다.

막대 1 오브젝트 만들기

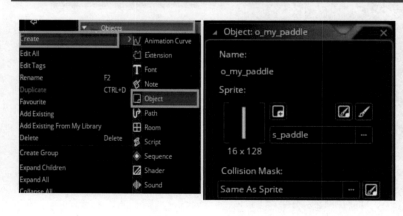

① 화면 우측의 오브젝트 폴더를 선택하여 새 오브젝트 만들기를 합니다.

② 새 오브젝트 이름은 'o_my_paddle'로 입력합니다.

③ 해당 오브젝트의 스프라이트는 's_paddle'로 선택합니다.

막대 2 오브젝트 만들기

① 화면 우측의 오브젝트 폴더를 선택하여 새 오브젝트 만들기를 합니다.

② 새 오브젝트 이름은 'o_com_paddle'로 입력합니다.

③ 해당 오브젝트의 스프라이트는 's_paddle_com'로 선택합니다.

■ 게임매니저 오브젝트 생성하기

게임매니저 오브젝트 만들기

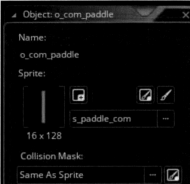

① 화면 우측의 에셋 브라우저 패널의 오브젝트 폴더를 선택하여 새 오브젝트를 만들어줍니다.

② 새 오브젝트의 이름은 'o_gamemanager' 라고 입력해줍니다.

■ 사용자 막대 오브젝트 움직임 설정하기

사용자 막대 오브젝트 움직임 설정하기

여기서는 o_my_paddle 오브젝트를 키보드를 이용하여 조정하고, 공이 막대에 부딪혔을 경우 부딪히는 각도에 따라 반사될 수 있도록 설정합니다.

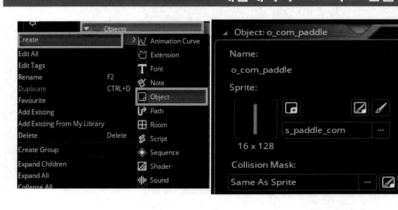

① Variable Definitions 을 클릭하여 필요한 변수를 추가해줍니다.

② 변수 선언창 하단에 있는 Add 버튼을 클릭하여 accel 변수를 추가합니다.

변수명	값	설명
accel	8	움직이는 가속도

① o_my_paddle 오브젝트에 두 개의 이벤트(Step 이벤트, o_ball 충돌 이벤트)를 추가합니다.

② Step이벤트에서는 키보드 입력 감지를 통한 막대의 움직임을 구현합니다.

③ o_ball 충돌 이벤트에서는 충돌 사운드만 재생합니다.

---

o_my_paddle 막대 o_ball과의 충돌 이벤트 구현

① o_ball 충돌 이벤트에서는 충돌 사운드만 재생을 위해 아래의 코드를 입력합니다.

```
// 충돌 효과음 재생
audio_play_sound(au_collision_paddle,2,false);
```

---

o_my_paddle 막대 Step 이벤트 구현

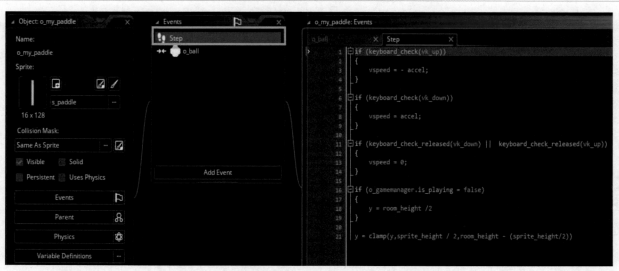

① Step이벤트에서는 키보드 입력 감지를 통한 막대의 움직임을 구현을 위해 아래의 코드를 입력합니다.

```
if (keyboard_check(vk_up)){
        vspeed = - accel;
}
if (keyboard_check(vk_down)){
        vspeed = accel;
}
if (keyboard_check_released(vk_down) ||  keyboard_check_released(vk_up)){
        vspeed = 0;
}
//게임이 종료되면 가운데로 이동
if (o_gamemanager.is_playing = false){
        y = room_height /2
}
//화면을 벗어나지 않도록 조정함
y = clamp(y,sprite_height / 2,room_height - (sprite_height/2))
```

■ 컴퓨터 막대 오브젝트 움직임 설정하기

컴퓨터 막대 오브젝트 움직임 설정하기

여기서는 o_com_paddle 오브젝트를 키보드를 이용하여 조정하고, 공이 막대에 부딪혔을 경우 부딪히는 각도에 따라 반사될 수 있도록 설정합니다.

① Variable Definitions 을 클릭하여 필요한 변수를 추가해줍니다.

② 변수 선언창 하단에 있는 Add 버튼을 클릭하여 accel 변수를 추가합니다.

변수명	값	설명
accel	6	움직이는 가속도
distance_ball	40	불과의 탐지 거리

① o_com_paddle 오브젝트에 두 개의 이벤트(Step 이벤트, o_ball 충돌 이벤트)를 추가합니다.
② Step이벤트에서는 키보드 입력 감지를 통한 막대의 움직임을 구현합니다.
③ o_ball 충돌 이벤트에서는 충돌 사운드만 재생합니다.

o_my_paddle 막대 o_ball과의 충돌 이벤트 구현

① o_ball 충돌 이벤트에서는 충돌 사운드만 재생을 위해 아래의 코드를 입력합니다.

```
// 충돌 효과음 재생
audio_play_sound(au_collision_paddle,2,false);
```

o_com_paddle 막대 Step 이벤트 구현

① Step이벤트에서는 키보드 입력 감지를 통한 막대의 움직임을 구현을 위해 아래의 코드를 입력합니다.

```
var diff;     //거리
if(o_gamemanager.is_playing == true){              //현재 게임이 플레이중이라면
    if(o_ball.x > room_width/2){       //볼이 사용자 막대보다 컴퓨터 막대에 가깝다면
        if (o_ball.y > y){     //볼이 아래쪽에 있다면 아래쪽으로 이동
            diff = o_ball.y - y;
            // 허용치 거리보다 거리 차가 크다면 아래쪽으로 가속처리
            if (diff > distance_ball){
                vspeed = accel;
            }
        }
        if (o_ball.y < y){                    //볼이 윗쪽에 있다면 윗쪽으로 이동
            diff = o_ball.y + y;
            // 허용치 거리보다 거리 차가 크다면 윗쪽으로 가속처리
            if (diff > distance_ball){
                vspeed = -accel;
            }
        }
    }
}else{
    y =room_height /2               //게임 중이 아니라면 막대를 중간 위치로 이동함.
}
//최대 룸 높이를 벗어나지 않도록 처리함.
y = clamp(y,sprite_height / 2,room_height - (sprite_height/2))
```

■ 공 움직임 설정하기

공 오브젝트 움직임 설정하기

① Variable Definitions ┈ 을 클릭하여 필요한 변수를 추가 해줍니다.

② 변수 선언창 하단에 있는 Add 버튼을 클릭하여 accel 변수를 추가합니다.

변수명	값	설명
accel	8	움직이는 속도

① o_ball 오브젝트에 네 개의 이벤트 (Create 이벤트, Step 이벤트, o_com_paddle이벤트, o_my_paddle이벤트)를 추가합니다.

② Create 이벤트에서 게임 시작시 공의 시작 위치를 설정합니다.

③ Step 이벤트에서는 공의 이동이 화면을 벗어나지 않도록 처리합니다.

④ o_my_paddle 충돌 이벤트와 o_com_paddle 충돌 이벤트에서는 충돌 방향을 전환하는 처리를 합니다.

o_ball 오브젝트의 Create 이벤트 구현하기

① Create 이벤트에서 게임 시작시 공의 시작 위치를 설정하기 위해 다음의 코드를 입력합니다.

```
//랜덤 초기화
randomize();
//시작시 공이 오른쪽, 왼쪽중 임의로 움직이도록
hspeed = choose(-accel,accel);
```

o_ball 오브젝트의 Step 이벤트 구현하기

① Step 이벤트에서는 공의 이동이 화면을 벗어나지 않도록 처리하기 위해 아래와 같이 코드를 입력합니다.

```
//위쪽과 아랫쪽 벽에 부딪히면 세로 속도를 변경해줌
if (y < 0 || y > room_height){
        vspeed  = - vspeed;
        audio_play_sound(au_collision_wall,10,false);
}
```

o_ball 오브젝트의 o_com_paddle 충돌 이벤트 구현하기

① o_com_paddle 충돌 이벤트에서는 충돌 방향을 전환하는 처리를 합니다.

```
hspeed = - hspeed;                  //수평 이동 방향을 반대로
var diff;

if (other.y > y){                   //공의 y위치가 아랫쪽이라면
    diff = other.y - y;             //거리 차이 값을 구함
    vspeed = -diff * 0.1;           //공을 위로 이동하도록 처리함
}

if (other.y < y){                   //공의 y위치가 윗쪽이라면
    diff = y - other.y;             //거리 차이 값을 구함
    vspeed = diff *0.1;             //공을 아래로 이동하도록 처리함
}

//공 충돌 효과음
audio_play_sound(au_collision_paddle,10,false);
```

o_ball 오브젝트의 o_my_paddle 충돌 이벤트 구현하기

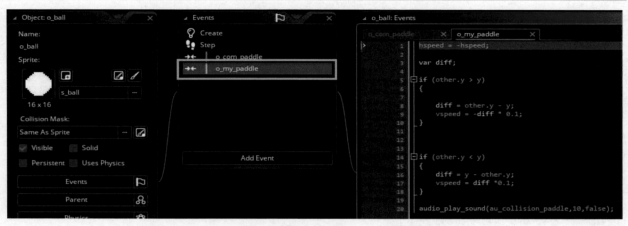

① o_my_paddle 충돌 이벤트에서는 충돌 방향을 전환하는 처리를 합니다.

② o_my_paddle 충돌 이벤트와 o_com_paddle 충돌 이벤트에 동일한 코드가 중복해서 들어가는 부분이 있습니다. 보통 이와 같이 중복으로 들어가는 코드가 많을 경우 o_paddle_parent의 오브젝트를 만들어 이를 상속을 이용하여 처리할 수도 있습니다.

```
//수평 이동 방향을 반대로
hspeed = - hspeed;
var diff;
//공의 y위치가 아랫쪽이라면
if (other.y > y){
        //거리 차이 값을 구함
        diff = other.y - y;
        //공을 위로 이동하도록 처리함
        vspeed = -diff * 0.1;
}

//공의 y위치가 윗쪽이라면
if (other.y < y){
        //거리 차이 값을 구함
        diff = y - other.y;
        //공을 아래로 이동하도록 처리함
        vspeed = diff *0.1;
}

//공 충돌 효과음
audio_play_sound(au_collision_paddle,10,false);
```

■ 게임 시작, 종료 및 스코어 처리하기

컴퓨터와 사용자 스코어 표시를 위해 새로운 폰트를 만들어 줍니다.

게임 매니저에서는 게임 시작, 게임 종료, 스코어 처리 및 화면에 표시하는 역할을 수행합니다.

게임 스코어 폰트 생성하기

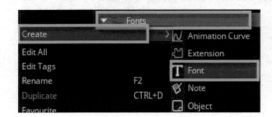

① 화면 오른쪽의 에셋에디터 패널의 Font(폰트) 폴더 선택
▶ 마우스 우측 클릭하여 팝업메뉴를 띄웁니다.

② 팝업 메뉴에서 Create - T Font 를 선택합니다.

① 폰트 편집기에서 'fn_score' 폰트 이름과 사용할 폰트 종류를 설정합니다.

② 폰트 크기와 폰트 스타일을 지정합니다. 이렇게 지정한 폰트는 오른쪽 미리보기에서 확인할 수 있습니다.

게임매니저를 통한 게임 시작과 종료 구현하기

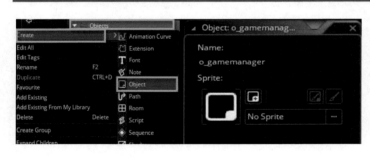

① 화면 우측의 오브젝트 폴더를 선택하여 새 오브젝트 만들기를 합니다.

② 새 오브젝트 이름은 'o_gamemanager'로 입력합니다.

① Variable Definitions ··· 을 클릭하여 필요한 변수를 추가해줍니다.

② 변수 선언창 하단에 있는 Add 버튼을 클릭하여 아래의 변수들을 추가합니다.

변수명	값	설명
is_playing	false	게임 시작 여부
my_score	0	사용자 획득 점수
com_score	0	컴퓨터 획득 점수

① o_gamemanager 오브젝트에 네 개의 이벤트(Create 이벤트, Step 이벤트, Alarm 0 이벤트, Draw 이벤트)를 추가합니다.
② Create 이벤트에서 게임 시작처리를 담당하는 Alarm 0 호출 시간을 설정합니다.
③ Step 이벤트에서는 누가 이겼는지 판단을 하고 공을 원위치 시킵니다. 또, 게임 시작을 위한 Alarm 0 호출 시간을 다시 설정합니다.
④ Alarm 0 이벤트에서는 게임 시작 처리를 합니다.
⑤ Draw 이벤트에서는 게임 스코어를 표시하는 역할을 합니다.

o_gamemanager 오브젝트의 Create 이벤트 구현하기

① Create 이벤트에서 게임 시작처리를 담당하는 Alarm 0 호출 시간을 설정하는 코드를 아래와 같이 입력합니다.

```
//게임 시작처리를 하는 Alarm 0 이벤트 호출 시간 설정함
  alarm[0] = 3 * room_speed;
```

게임코딩

o_gamemanager 오브젝트의 Step 이벤트 구현하기

① Step 이벤트에서는 누가 이겼는지 판단을 하고 공을 원위치 시킵니다. 또, 게임 시작을 위한 Alarm 0 호출 시간을 다시 설정하기 위해 아래와 같이 코드를 입력합니다.

```
if (o_ball.x > room_width){              //공이 컴퓨터 패들 쪽으로 벗어 났다면
    my_score += 1;                       //사용자 점수 획득 및 공위치 초기화
    o_ball.x = room_width /2;
    o_ball.y = room_height /2;
    is_playing = false;                  //게임 초기화 설정
    alarm[0] = 3 * room_speed;
    audio_play_sound(au_get_score,10,false);
}
if (o_ball.x < 0){                       //공이 사용자 패들 쪽으로 벗어 났다면
    com_score += 1;                      //컴퓨터 점수 획득 및 공위치 초기화
    o_ball.x = room_width /2;
    o_ball.y = room_height /2;
    is_playing = false;                  //게임 초기화 설정
    alarm[0] = 3 * room_speed;
    audio_play_sound(au_get_score,10,false);
}
if (!is_playing){                        //게임 중이 아니라면 공위치 초기화
    o_ball.x = room_width /2;
    o_ball.y = room_height /2;
    o_ball.hspeed = 0;
    o_ball.vspeed = 0;
}
```

o_gamemanager 오브젝트의 Alarm 0 이벤트 구현하기

① Alarm 0 이벤트에서는 게임 시작 처리를 하기 위해 아래와 같이 코드를 입력합니다.

```
//게임 시작 설정
is_playing = true;
//랜덤 초기화
randomize();
//볼이 시작할 방향 선택
o_ball.hspeed = choose(-o_ball.accel, o_ball.accel);
//시작 사운드
audio_play_sound(au_game_start,10,false);
```

o_gamemanager 오브젝트의 Alarm 0 이벤트 구현하기

① Draw 이벤트에서는 게임 스코어를 표시하기 위해 아래와 같이 코드를 입력합니다.

```
//게임 스코어 폰트 설정
draw_set_font(fn_score);
//폰트 초기화
draw_set_halign(fa_center);
draw_set_valign(fa_middle);
//사용자 점수 화면에 나타내기
draw_text(room_width/2 - 100 ,96,my_score);
//컴퓨터 점수 화면에 나타내기
draw_text(room_width/2 + 100 ,96,com_score);
```

■ 룸(화면)에 인스턴스를 생성하여 배치하기

룸(화면)에 오브젝트(인스턴스) 배치하기

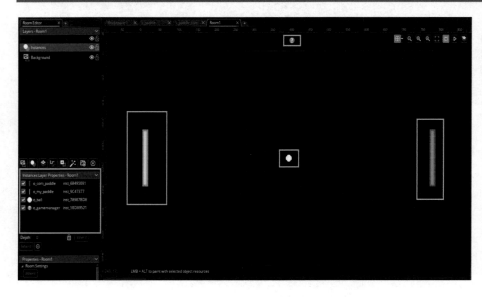

① 에셋 브라우저 패널에서 룸을 선택(더블 클릭)하여 작업창에 룸이 표시되도록 합니다.

② 화면에 이미 생성되어 있는 오브젝트들 제외한 나머지 필요한 오브젝트들을 배치하겠습니다.

③ 좌측 레이어 목록 패널에서 "Instances"레이어를 선택합니다.

④ 우측 에셋 브라우저 패널의 오브젝트 폴더내 룸에 배치할 오브젝트들을(o_com_paddle, o_my_paddle, o_ball, o_gamemanager)를 선택하여 룸(화면)에서 적당한 곳에 배치하여 줍니다. o_gamemanager 오브젝트는 화면 어디에 두어도 상관없지만 일반적으로 룸 바깥에 두어 관리하는 것이 좋습니다.

⑤ 룸에 배치된 인스턴스들은 화면 왼쪽 룸 에디터 패널의 왼쪽 인스턴스 레이어 속성창에 보입니다.

■ 실행 및 수정하기

실행 및 수정하기

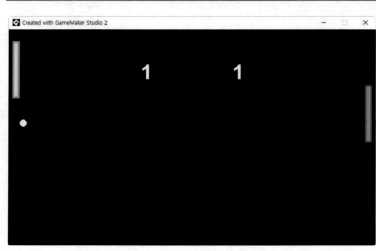

① 게임메이커 스튜디오 상단의 빠른 메뉴에서 ▶ 재생 버튼을 클릭하면 제작한 게임을 컴파일하여 결과를 별도의 실행창에서 보여줍니다. 키보드를 이용하여 패들을 움직여 보고 의도한 대로 움직이는 지 확인합니다.

② 패들에 공이 제대로 튕기는 지, 스코어 처리가 정확한지 확인합니다.

③ 오류가 있을 경우에는 하단의 output창에 오류사항이 자세하게 표시됩니다. 해당 오류 수정후 재생 버튼을 클릭하여 다시 컴파일하면 실행 결과를 볼 수 있습니다.

12 룰렛 게임 2

무엇을 배울까요?	▪ 배열의 개념과 각도 계산을 통해 인스턴스의 움직임을 측정할 수 있게 됩니다. #배열 이해, #각도 계산, #버튼 처리, #한글 폰트 처리

■ 제작된 모습 미리보기 및 제작 순서 안내

▪ 이번 룰렛 게임은 시작후 일정 속도에 이르면 저절로 회전속도가 줄면서 멈추는 게임입니다.

▪ Project 8에서 제작한 룰렛은 단순히 돌고 멈추는 기능만 있었지만, 이번 프로젝트에서는 멈추었을 때 멈춘 곳이 어딘지 판단해서 룰렛 결과를 보여주는 계산이 포함되어 있습니다.

▪ 지난번에 만들어 본 예제지만 복습한다는 생각으로 한번 더 제작해봅시다.

프로그램 제작 순서 안내

① 룰렛 회전판 / 룰렛 핀 스프라이트 및 오브젝트 만들기
② 게임 플레이와 종료 버튼 스프라이트 및 오브젝트 만들기
③ 룸 배경화면과 배경음악 넣기
④ 배열 개념 이해하기
⑤ 룰렛 움직임 처리하기
⑥ 룰렛 시작과 종료 이벤트 처리하기
⑦ 룰렛 당첨 결과 피드백 제공
⑧ 폰트 추가 및 한글 폰트 사용 방법
⑨ 룸(화면)에 인스턴스를 생성하여 배치하기
⑩ 프로그램 실행 및 테스트 하기

■ 룰렛 스프라이트 및 오브젝트 만들기

룰렛 스프라이트 만들기

① 화면 우측의 에셋 브라우저 패널의 스프라이트 폴더를 선택하여 새 스프라이트를 만듭니다.

② 새 스프라이트 이름은 's_wheel'라고 만들어 줍니다.

③ Import 를 클릭하여 룰렛 회전판으로 사용할 이미지 파일을 불러오기 합니다.

룰렛 오브젝트 만들기

① 화면 우측의 에셋 브라우저 패널의 오브젝트 폴더를 선택하여 새 오브젝트를 만들어줍니다.

② 새 오브젝트의 이름은 'o_wheel' 라고 입력해주고, 해당 스프라이트로 's_wheel'를 선택합니다.

룰렛 핀 스프라이트 만들기

① 화면 우측의 에셋 브라우저 패널의 스프라이트 폴더를 선택하여 새 스프라이트를 만들어줍니다.

② 스프라이트 이름은 's_neddle'라고 지어 주고, 사이

즈 조절 버튼을 클릭하여 캔버스 사이즈를 48 X 48 로 설정합니다.

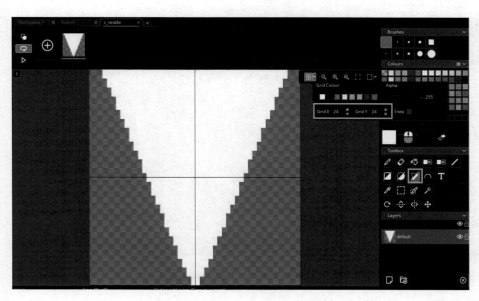

① **Edit Image** 를 클릭하여 이미지 에디터를 엽니다.

② 그리드 눈금을 24 X 24 로 설정합니다.

③ 그리기 툴 상자에서 다각형 도구를 사용하여 그릴 위치에 클릭하여 점을 찍어서 뒤집힌 삼각형 모양을 그려주세요.

룰렛 핀 오브젝트 만들기

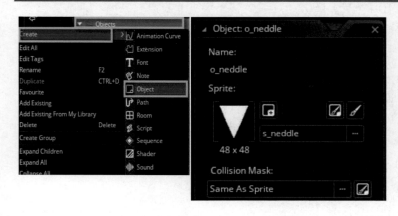

① 화면 우측의 에셋 브라우저 패널의 오브젝트 폴더를 선택하여 새 오브젝트를 만들어줍니다.

② 새 오브젝트의 이름은 'o_neddle' 라고 입력해주고, 해당 스프라이트로 's_neddle '를 선택합니다.

■ 게임 시작과 종료 버튼 만들기

게임 시작 버튼 스프라이트 만들기

① 화면 우측 에셋 브라우저 패널의 스프라이트 폴더 선택 ▶ 마우스 우측 클릭합니다.

② 팝업 메뉴에서 Create 메뉴 선택하고, **Sprite** 를 선택합니다.

③ 스프라이트 이름은

's_btn_play'라고 지어 주고, **Import** 를 클릭하여 play_button 이미지 리소스를 선택합니다.

④ 스프라이트 애니메이션 속도인 Fps를 0으로 입력합니다.

게임코딩

① 스프라이트 에디터에서 　Edit Image　를 클릭하여 이미지 에디터를 엽니다.
② 이미지 에티터 상단의 현재 프레임 이미지를 선택한 다음 복사하여 추가로 두 개의 프레임 이미지를 만들어 줍니다.

③ 추가한 두 개의 프레임 이미지를 페인트통을 이용하여 글자 색 부분을 다른 색으로 변경합니다. 연습을 위해 다른 효과를 추가적으로 넣어 줘도 됩니다.

게임 종료 버튼 스프라이트 만들기

① 화면 우측 에셋 브라우저 패널의 스프라이트 폴더 선택 ▶ 마우스 우측 클릭합니다.
② 팝업 메뉴에서 Create 메뉴 선택하고, 　Sprite　를 선택합니다.

③ 스프라이트 이름은 's_btn_stop'라고 지어 주고, 　Import　를 클릭하여 stop_button 이미지 리소스를 선택합니다.
④ 스프라이트 애니메이션 속도인 Fps를 0으로 입력합니다.

- 70 -

① 스프라이트 에디터에서 Edit Image 를 클릭하여 이미지 에디터를 엽니다.

② 이미지 에티터 상단의 현재 프레임 이미지를 선택한 다음 복사하여 추가로 두 개의 프레임 이미지를 만들어 줍니다.

③ 추가한 두 개의 프레임 이미지를 페인트 통을 이용하여 글자 색 부분을 다른 색으로 변경합니다. 연습을 위해 다른 효과를 추가적으로 넣어 줘도 됩니다.

게임 시작/종료 오브젝트 만들기

① 화면 오른쪽 에셋 브라우저 패널의 오브젝트 폴더에서 마우스 오른쪽 클릭하여 팝업창을 엽니다.

② 팝업 메뉴에서 Create - Object 를 선택하여 새로운 오브젝트를 생성하여 오브젝트 이름을 "o_btn_play" 로 설정하고, 스프라이트 선택 버튼을 클릭하여 's_btn_play' 스프라이트로 선택합니다.

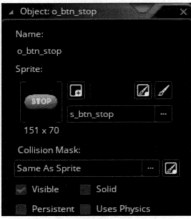

① 화면 오른쪽 에셋 브라우저 패널의 오브젝트 폴더에서 마우스 오른쪽 클릭하여 팝업창을 엽니다.

② 팝업 메뉴에서 Create - Object 를 선택하여 새로운 오브젝트를 생성하여 오브젝트 이름을 "o_btn_stop" 로 설정하고, 스프라이트 선택 버튼을 클릭하여 's_btn_stop 스프라이트로 선택합니다.

룸 배경 스프라이트 만들기

① 화면 우측 에셋 브라우저 패널의 스프라이트 폴더 선택 ▶ 마우스 우측 클릭합니다.

② 팝업메뉴 에서 Create 메뉴 선택하고, Sprite 를 선택합니다.

③ 스프라이트 이름은

's_bg_image'라고 지어 주고, Import 를 클릭하여 bg_image 이미지 리소스를 선택합니다.

룸 배경화면 만들기

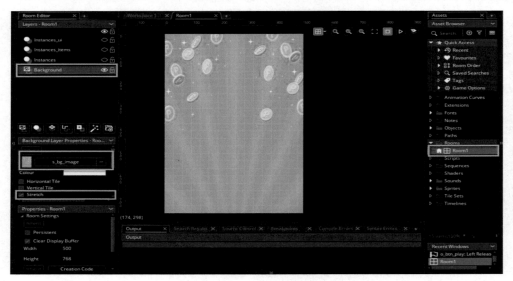

① 화면 오른쪽 에셋 브라우저 패널의 룸 폴더에서 룸 (Room1)을 선택하여 룸 에디터를 엽니다.

② 화면 왼쪽의 룸 에디터 패널의 레이어 창에서 Background 레이어를 선택합니다.

③ 백그라운드 레이어 속성창에서 배경 스프라이트로 's_bg_image' 스프라이트를 선택합니다.

룸 배경음악 만들기

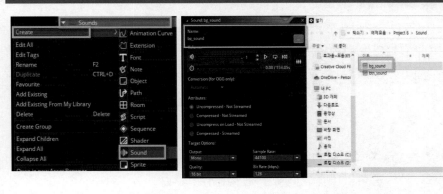

① 화면 우측의 에셋 브라우저 패널의 사운드 폴더를 선택하여 새 사운드를 만들어줍니다.

② 배경음악으로 사용할 사운드 이름은 'bg_sound'라고 만들어 줍니다.

③ 사운드 불러오기 버튼을 클릭하여 배경음악으로 사용할 사운드 리소스(사운드 파일)을 불러오기 합니다.

룸 배경음악 삽입하기

게임에서 배경음악을 재생할 수 있는 방법은 여러 가지 방법들이 있습니다. 이전 프로젝트에서는 게임매니저의 Create 이벤트에서 배경음악을 재생하는 방법을 주로 사용했습니다.

게임 제작과정에서 어떤 방법이 무조건 좋다라는 것은 없습니다. 여러분들의 실력이 향상되는 만큼 제작에 대한 기술도 같이 향상될 것입니다.

이번 예제에서는 룸 자체로 가지고 있는 스크립트 기능을 이용하여 배경음악을 재생해보도록 하겠습니다.

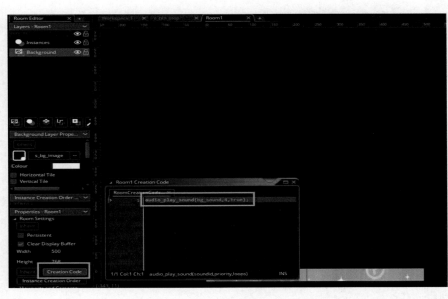

① 화면 왼쪽의 룸 에디터 제일 아래쪽 룸 속상창에서 Creation Code 클 클릭하여 코드 입력창을 엽니다.

② Create Code는 룸(Room1)이 생성될 때 실행할 코드를 입력할 수 있는 곳으로 룸 생성과 동시에 배경음악이 재생될 수 있도록 합니다.

③ 룸 Creation Code에서 작성한 코드의 실행 순서는 아래쪽 이벤트 실행 순서를 참고하여 해당 순서에 실행되어도 될만한 적절한 코드를 입력해 주면 됩니다.

```
//게임 배경음악 재생
audio_play_sound(bg_sound, 4, true);
```

■ 배열 개념 이해하기

게임메이커 스튜디오에서 배열(Array)은 매우 유용하여 있으며 게임을 만드는 데 자주 사용됩니다. 게임메이커 스튜디오에서 배열이 사용될 수 있는 곳을 예를 들어보면 메뉴 시스템 구현, 룰 플레잉 게임에서 아이템 구현, 카드 게임 구현, 점수 보드 구현 등 매우 다양한 곳에 사용될 수 있습니다.

배열은 여러 값을 저장하여 사용할 수 있는 가장 기본적이고 유용한 프로그래밍 도구 중 하나이며 메모리 효율성이 높고 일반적으로 구문 분석이 빠르기 때문에 성능을 최대로 유지하는 데 이상적입니다.

배열은 같은 데이터형의 자료를 저장하는 것이 일반적이지만 게임메이커 스튜디오에서는 여러 가지 데이터형의 자료도 같이 저장할 수 있어 사용하기 매우 편리합니다.

게임메이커 스튜디오에서 사용할 수 있는 배열은 1차원부터 다차원 배열까지 자유롭게 만들어 사용할 수 있습니다.

1차원 배열

배열 인덱스	저장된 값
0	10
1	125
2	A
3	Hi
4	Hello
...	...
n	3000원

- 1차원 배열은 기본적으로 긴 선형 모양으로 저장되는 형태라고 생각하면 됩니다.
- 모든 배열은 인덱스(배열 내부의 값에 접근할 때의 번호)가 0부터 시작하며 마지막 인덱스는 배열 총 개수에서 1만큼을 빼주시면 됩니다. 예로 10개의 요소를 가진 배열의 경우 마지막 인덱스가 10이 아니라 9가 됨을 꼭 명심하세요.
- 사용자가 만든 배열은 별도로 제거하는 작업을 할 필요는 없습니다. **가비지 컬렉션**이라는 게임메이커 스튜디오 내부 작동 기능을 통해 게임에서 해당 인스턴스가 파괴될 때나 룸이 파괴될 때 자동으로 메모리에서 정리됩니다.

1차원 배열을 사용하는 방법	
값이 비어 있는 빈 배열 선언 (배열 크기 가변적)	var roullet_array = []; 배열의 길이를 고정하지 않고 사용하는 방법으로 배열의 길이(크기)를 가변적 ('길이가 변할 수 있다') 으로 사용할 수 있습니다.

1차원 배열을 사용하는 방법	
배열 선언 및 초기화 (배열 크기 고정)	var roullet_array = array_create(7 , 0); var roullet_array = [10 , 125 , "A" , "HI" , "Hello" , "꽝" , "3000원"];

배열에 값 넣기	roullet_array[0]=10;
	roullet_array[1]=125;
	roullet_array[2]="A";
	roullet_array[3]="HI";
	roullet_array[4]="Hello";

배열 메모리에서 제거하는 방법	roullet_array = -1;
배열 값 출력하기	show_message (roullet[6]); => "3000원" 출력됨 show_message (roullet[7]); => 오류 발생 위에서 선언한 배열은 7개이지만 마지막 인덱스는 6입니다. (배열의 마지막 인덱스는 배열 크기보다 1이 작다고 생각해야 합니다). 따라서 없는 배열 인덱스 8에 접근하고자 했기 때문에 오류가 발생합니다.

배열 사용방법	■ 개별 배열의 사용은 일반 변수 사용법과 동일합니다. 인덱스를 붙여 하나의 변수로 생각해도 됩니다.
	//값 체크
	if(roullet[5] == "꽝")
	{
	    show_message("꽝입니다. 아쉽군요");
	}
	
	//출력
	draw_text (32 , 32 , roullet[5]);

배열 사용방법	■ 개별 배열의 사용은 일반 변수 사용법과 동일합니다.
	
	if(roullet[5] == "꽝"){　　　　　//값 체크
	　　　show_message("꽝입니다. 아쉽군요");
	}
	
	draw_text (32 , 32 , roullet[5]);　　　//출력
	
	■ 배열은 연속적이기 때문에 아래와 같이 반복문으로 쉽게 초기화할 수 있습니다.
	for(var i=0; i<7; I++){
	　　　roullet_array[i]=i * 10;
	}

2차원 배열

게임메이커 스튜디오는 여러 차원의 배열을 가질 수 있지만 여기서는 2차원 배열까지만 설명할까 합니다.

2차원 배열을 설명할 때는 1차원 배열이 선형 모양이라면 2차원 배열은 가로, 세로 면 형태로 가진다고 설명할 수 있습니다. 면이라는 것도 생각해보면 선이 연속적으로 쌓여서 면을 이루고 있는 형태이기 때문에 이것은 1차원 배열 내부 요소 각각이 1차원 배열을 별도로 가지는 것으로 생각하시면 됩니다.

여기서 조금 더 나아가 3차원 배열은 입체 도형 형태라고 생각하시면 됩니다. 면에 높이가 더해진 구조로 생각하면 3차원 배열에 대한 개념을 이해하기 더 쉬울 것입니다. 4차원 배열도 사용할 수는 있지만 어떤 형태라고는 설명하기가 어렵네요. 현실에서는 3차원까지만 설명이 가능하니깐요.

배열 인덱스	0	1	2	...	n
0	10	125	A	...	3000원
1	20	C	E	...	1000원
2	B	Good	FF	...	2000원
3	D	4	UU	...	5000원
...	...	...	...	...	...
m	200	500	독도	...	4000원

roullet_array = [m][n] 크기의 배열

2차원 배열을 사용하는 방법	
값이 비어 있는 빈 배열 선언	var roullet_array = [][];
배열 선언 및 초기화	// 5 X 4 크기의 배열을 선언합니다. var roullet_array =[[10, 125, "A", "3000원"] , [20, "C", "E", "1000원"] ,["B","Good","FF", "2000원"], ["D",4,"UU","5000원"], [200,500,"독도","4000원"]]; 배열 roullet_array[4][2] 은 어떤 값을 가르키고 있을까요? 바로 "독도" 입니다.
배열에 값 넣기	roullet_array[0][0]=10; .... roullet_array[0][1]=125; roullet_array[2][0]="B"; roullet_array[0][2]="A"; roullet_array[2][1]="Good"; roullet_array[0][3]="3000원"; roullet_array[2][2]="FF"; roullet_array[1][0]=20; roullet_array[2][3]="2000원"; roullet_array[1][1]="C"; roullet_array[3][0]="D"; roullet_array[1][2]="E"; roullet_array[3][1]=4; roullet_array[1][3]="1000원"; ....
배열 메모리에서 제거	roullet_array = -1;
배열 값 출력하기	show_message (roullet[1][2]); => "E" 출력됨 show_message (roullet[2][4]); => 오류 발생 2행의 4열은 배열의 크기를 벗어나기 때문에 오류가 발생합니다.

배열 사용방법	■ 개별 배열의 사용은 일반 변수 사용법과 동일합니다.
	
	//값 체크
	if(roullet[0][3] == "3000원"){
	     show_message("3000원입니다. 축하합니다.");
	}
	
	//출력
	draw_text (32 , 32 , roullet[0][3]);
	
	■ 배열은 연속적이기 때문에 아래와 같이 반복문으로 쉽게 초기화 할 수 있습니다.
	for(var i=0; i<4; I++)
	{
	    for(var j=0; i<3; j++)
	    {
	        roullet_array[i][j] = i * j ;
	    }
	}

■ 룰렛 움직임 처리하기

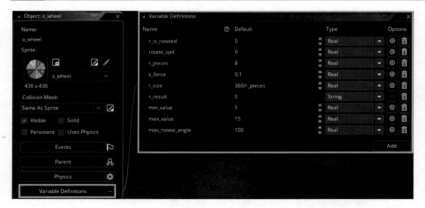

① 화면 오른쪽 에셋 브러우저 패널에서 o_wheel 룰렛 오브젝트를 선택합니다.

② **Variable Definitions** 를 클릭 하여 룰렛 오브젝트 움직임에 필요한 변수를 선언합니다.

변수명	값	설명
r_is_rotated	0	룰렛이 회전하고 있는지 여부
rotate_spd	0	룰렛 회전 속도
r_pieces	8	룰렛 회전판이 나눠진 개수

변수명	값	설명
s_force	0.1	룰렛 회전 멈춤 체크 계수
r_size	360/r_pieces	룰렛의 한 조각당 크기
r_result	0	룰렛 회전 결과
min_value	5	룰렛 시작 회전 최소값
max_value	15	룰렛 시작 회전 최대값
max_rotate_angle	100	룰렛 최대 회전 속도

※ 360/r_pieces : 원 중심각의 크기는 360도이며, 이를 조각난 개수로 나누면 한 조각당 각의 크기가 나옵니다.

룰렛 회전 이벤트 구현

① 룰렛 움직임 구현을 위해 위의 그림과 같이 3개의 이벤트를 추가합니다.
② 룰렛에 사용될 배열을 초기화하기 위해 Create 이벤트를 추가합니다.
② 룰렛의 실제 회전 효과를 구현하기 위해 Step 이벤트를 추가합니다. 룰렛이 회전 최대값에 도달하면 스스로 멈추도록 하는 코드도 추가합니다.
③ 룰렛 회전이 종료되었을 경우 결과를 보여주기 위해 Alarm 0 이벤트를 추가합니다.

o_wheel 오브젝트의 Create 이벤트 구현

룰렛에 사용될 배열을 초기화하기 위해 Create 이벤트에 아래와 같이 코드를 입력합니다.

/* r_value[piece] = 룰렛 각 요소들의 값이 저장되는 배열입니다.

 a_value[piece] = 룰렛 각 요소들의 시작 각도값이 저장되는 배열입니다.

 z_value[piece] = 룰렛 각 요소들의 종료 각도값이 저장되는 배열입니다.

 ■ 룰렛이 멈추었을 때 최종적으로 회전한 각도를 시작 각도값과 종료 각도값과 비교하여 어느 요소가 당첨되었는지 체크합니다.

 ■ 게임메이커 스튜디오에서는 회전값이 360도를 넘어가도 계속 증가하므로 360이면 다시 0으로 회전값을 변경해서 계속 저장합니다. */

//룰렛 각 요소별 값을 넣습니다.

a_value = [];r_value=[];z_value=[];

r_value[0] = "100원";

r_value[1] = "500원";

r_value[2] = "꽝";

r_value[3] = "300원";

r_value[4] = "800원";

r_value[5] = "2000원";

r_value[6] = "200원";

r_value[7] = "1000원";

//각 요소마다 룰렛의 시작 각도값과 종료 각도값을 계산해서 넣어줍니다.

//룰렛 요소가 총 10개이므로 r_size는 36도가 됩니다.

```
for(i = 0; i < r_pieces; i++)
{
    //첫번째 요소는 0 ~ 36도
    if(i == 0)
    {
        a_value[i] = 0;
        z_value[i] = r_size;
    }else{
        //각 요소별로 순서대로 36도를 곱해서 각도를 계산함.
        a_value[i] = r_size * i + 1;
        z_value[i] = r_size * (i + 1);
    }
}
```

o_wheel 오브젝트의 Step 이벤트 구현

룰렛의 실제 회전 효과와 룰렛이 회전 최대값에 도달하면 스스로 멈추도록 하기 위해 Step 이벤트에 아래의 코드를 입력합니다.

```
image_angle += rotate_spd;   //룰렛 속도만큼 이미지 회전
if r_is_rotated == 1 {        //룰렛이 회전중이라면
    //만약 회전속도가 멈춤도달계수보다 크다면
    if rotate_spd > s_force {
        if rotate_spd > max_rotate_angle {
            //최대치 이상되었을 경우 크게 멈춤 작동
            rotate_spd -= s_force*10;
        }
        else if rotate_spd> max_rotate_angle/2  {
            rotate_spd -= s_force*5;   //조금더 빨리 멈춤
        }
        else if rotate_spd> max_rotate_angle/5 {
            rotate_spd -= s_force;  //천천히 천천히 멈춤
        }
        else if rotate_spd > 0 {
            rotate_spd -= s_force/2; //거의 멈춤
        }
    }else{ //룰렛 속도가 멈춤계수 안으로 들어왔다면 강제 멈춤
        rotate_spd = 0; //속도를 0으로 멈춤
        alarm[0] = 1;  //결과 처리
        r_is_rotated = 0 //멈춰있다고 설정
    }
}
```

```
//image_angle이 360이상되는 것을 방지함.
if image_angle>359
{
        image_angle = 0;
}
```

o_wheel 오브젝트의 Alarm 0 이벤트 구현

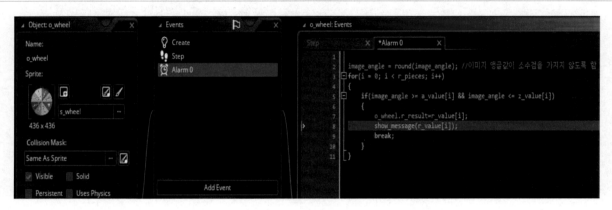

룰렛 회전이 종료되면 결과값을 보여주기 위해 Alarm 0을 추가합니다.

```
//이미지 앵글값이 소수점을 가지지 않도록 함
image_angle = round(image_angle);

for(i = 0; i < r_pieces; i++)
{
    if(image_angle >= a_value[i] && image_angle <= z_value[i])
    {
            o_wheel.r_result=r_value[i];

            //결과를 메시지 창에 표시함
            show_message(r_value[i]);
            break;
    }
}
```

■ 룰렛 시작과 종료 이벤트 처리하기

룰렛 시작 이벤트 처리하기

① 화면 오른쪽 에셋 브라우저의 오브젝트 폴더내o_btn_play오브젝트를 선택합니다.

② 해당 오브젝트의 이벤트 목록 창에서 Add Event를 클릭하여 3개의 이벤트 - 버튼을 클릭했을 때(Left Pressed), 버튼을 클릭하고 난 후(Left Released), 마우스가 해당 오브젝트 위에 왔

을 때(Mouse Enter) - 를 추가합니다.

o_btn_play 오브젝트의 Left Pressed 이벤트 구현

① 버튼이 눌러졌을 때(Left Pressed) 버튼의 스프라이트 이미지 인덱스를 3번째 이미지로 이동시켜 줍니다.

```
//버튼을 클릭했을 때 s_btn_play 스프라이트 인덱스 변경함
image_index=2;
```

o_btn_play 오브젝트의 Left Released 이벤트 구현

① 버튼을 클릭하고 난 후(Left Released) 버튼의 스프라이트 이미지 인덱스를 0번째 이미지로 이동시켜 줍니다.

```
//버튼 클릭을 해제했을 때 s_btn_play 스프라이트 인덱스를 변경함
image_index=0;
//현재 룰렛이 멈춰있다면 회전 시작 설정함.
if(o_wheel.r_is_rotated==0){
    o_wheel.r_is_rotated = 1;
    //룰렛 회전 속도를 최소값과 최대값중에서 랜덤하게
    o_wheel.rotate_spd +=
            irandom_range(o_wheel.min_value, o_wheel.max_value);
}
```

o_btn_play 오브젝트의 Left Released 이벤트 구현

① 마우스가 해당 오브젝트 위에 왔을 때(Mouse Enter) 버튼의 스프라이트 이미지 인덱스를 2번째 이미지로 이동시켜 줍니다.

```
//버튼을 클릭했을 때 s_btn_play 스프라이트 인덱스 변경함
image_index=1;
```

■ 룰렛 당첨 결과 피드백 처리

룰렛 당첨 결과 보드 스프라이트 만들기

① 화면 우측의 에셋 브라우저 패널의 스프라이트 폴더를 선택하여 새 스프라이트를 만듭니다.
② 새 스프라이트 이름은 's_result_board'라고 지어 주고, Import 를 클릭하여 resultBoard 이미지를 선택합니다.

룰렛 당첨 결과 보드 오브젝트 만들기

① 화면 우측의 에셋 브라우저 패널의 오브젝트 폴더를 선택하여 새 오브젝트를 만들어줍니다.
② 새 오브젝트 이름은 'o_result_board' 이라고 지어주고, 해당 스프라이트는 's_result_board'을 선택해 줍니다.

룰렛 당첨 결과 보드 닫기 버튼 스프라이트 만들기

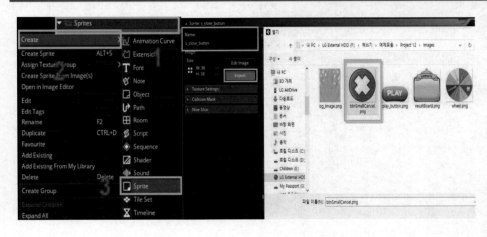

① 화면 우측의 에셋 브라우저 패널의 스프라이트 폴더를 선택하여 새 스프라이트를 만들어줍니다.
② 새 스프라이트 이름은 's_close_button'라고 지어 주고, Import 를 클릭하

여 btnImgCancel 이미지를 선택해줍니다.

룰렛 당첨 결과 보드 닫기 버튼 오브젝트 만들기

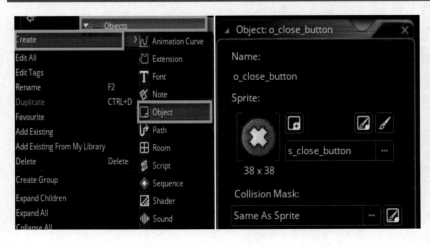

① 화면 우측의 에셋 브라우저 패널의 오브젝트 폴더를 선택하여 새 오브젝트를 만듭니다.
② 새 오브젝트 이름은 'o_close_button'이라고 지어 주고, 해당 스프라이트는 's_close_button'을 선택합니다.

룰렛 당첨 결과 보드 이벤트 구현하기

① 화면 오른쪽 에셋 브러우저 패널에서 o_wheel 룰렛 오브젝트를 선택합니다.

② **Variable Definitions** ···를 클릭하여 룰렛 오브젝트 움직임에 필요한 변수를 선언합니다.

변수명	값	설명
is_close_button	false	닫힘 버튼이 생성되었는지 여부

① 룰렛 결과처리를 위해 위의 그림과 같이 Create이벤트, Step이벤트, Draw이벤트 3개의 이벤트를 추가합니다.

② 룰렛 결과보드는 처음에 작게 생성하여 점점 크게 확대되면서 결과를 보여주는 형태로 나타나게 할 것입니다.

③ Create이벤트에서 스케일을 작게 초기화하고, Step이벤트에서 점점크게 확대하면서 보여주고 스케일이 1이 되었을 때 닫기 버튼도 함께 보여줍니다.

④ Draw이벤트에서 결과값을 보여주는 형태로 구현될 것입니다.

o_result_board 오브젝트의 Create 이벤트 구현

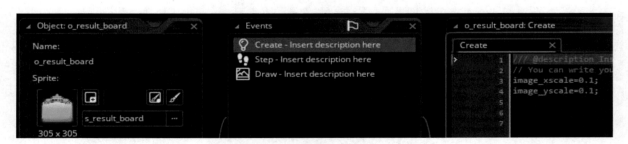

① 룰렛 결과 보드 크기를 초기화하기 위해 Create 이벤트를 추가합니다. 룰렛 결과값을 보여주는 룰렛 결과 보드는 화면 중앙에 처음에 작게 생성해서 점점 확대되면서 결과값을 보여주는 형태로 진행 됩니다.

```
// 결과 보드 크기를 10%로 생성함
image_xscale=0.1;
image_yscale=0.1;
```

o_result_board 오브젝트의 Create 이벤트 구현

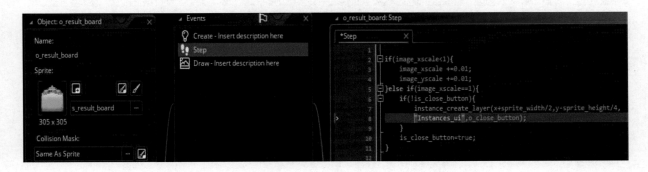

① 룰렛 결과 보드는 10% 크기에서 조금씩 확대되면서 스케일이 100%가 되었을 때 닫기 버튼을 생성하여 같이 보여주기 위해 Step 이벤트를 아래와 같이 코드를 입력합니다.

```
//룰렛 결과 보드가 아직 100%가 아니라면 계속 확대함
if(image_xscale<1)
{
        image_xscale +=0.01;
        image_yscale +=0.01;
}
 //룰렛 결과 보드가 100% 확대되었다면
else  if(image_xscale==1)
{
        //닫힘 버튼을 생성했는지 검사하여 닫힘 버튼 생성하기
        if(!is_close_button)
        {
                instance_create_layer(x+sprite_width/2,y-sprite_height/4,
                "Instances_ui",o_close_button);
        }
        is_close_button=true;
}
```

o_result_board 오브젝트의 Draw 이벤트 구현

① 룰렛 결과 보드에 결과 값을 보여주기 위해 Draw 이벤트에 아래와 같이 추가합니다. Draw GUI 에 작성해도 동일한 결과를 보여줄 수 있습니다.

```
//Draw이벤트에서는 해당 오브젝트가 스프라이트가 있을 경우 draw_self 코드를 입력해주어야
자신의 모습이 화면에 보이게 됩니다.
//draw_self 코드를 빼고 Draw GUI 이벤트에서 작성해도 동일한 결과를 볼 수 있습니다.


draw_self();


//닫힘 버튼이 생성되었다면 룰렛 결과 보드가 100% 확대된 것이므로
if(is_close_button){
     draw_set_font(f_36);
     draw_set_halign(fa_center);
     draw_set_color(c_white);
     draw_text(x-10,y,o_wheel.r_result);
}
```

o_result_board 오브젝트를 호출하는 코드 구현

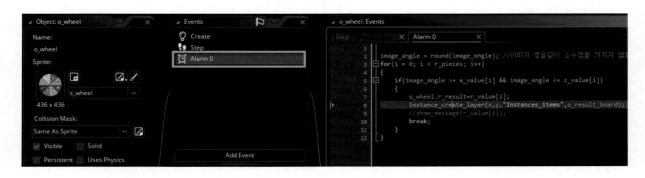

① 룰렛 회전이 멈추었을 때 룰렛 결과 보드표시 하기위해 o_wheel 오브젝트의 Alarm 0 이벤트를 선택하여 아래와 같이 코드를 수정합니다.

```
//이미지 앵글값이 소수점을 가지지 않도록 함
image_angle = round(image_angle);


for(i = 0; i < r_pieces; i++)
{
    if(image_angle >= a_value[i] && image_angle <= z_value[i])
    {
        o_wheel.r_result=r_value[i];

        //룰렛 결과보드를 생성하여 보여주는 추가할 코드
        instance_create_layer(x,y,"Instances_items",o_result_board);
        //해당 코드는 주석처리
        //show_message(r_value[i]);


        break;
    }
}
```

룰렛 당첨 결과 처리를 위한 폰트 추가

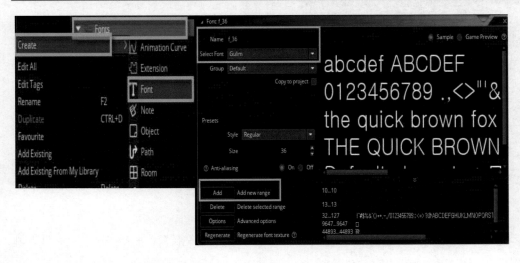

① 화면 우측의 에셋 브라우저 패널의 폰트 폴더를 선택하여 새 폰트를 만들어줍니다.
② 새 폰트 이름을 f_36으로 입력하고, Select font에 한글을 표시할 수 있는 폰트로 선택합니다. 폰트 Size 36을 입력합니다.
③ 화면 좌측 아래쪽에 Add 버튼을 클릭합니다.

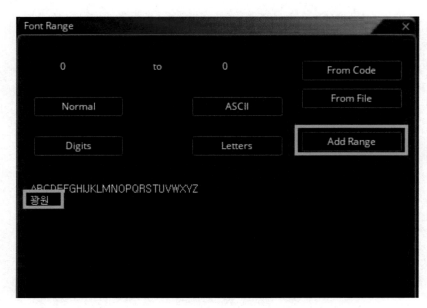

프로그램에서 사용하는 한글을 추가해주면 해당 한글은 화면에 표시할 수 있습니다.

① 여기서는 사용할 단어인 "꽝원" 을 입력하고 Add Range 를 반드시 클릭하여 폰트에 적용시켜 주어야 사용가능합니다.

① 전체 한글 폰트를 지원하는 방법은 아래를 참고해 주세요.

■ 한글 폰트 사용하기

게임메이커 스튜디오에서는 게임 제작과정에서 기본적으로 한글을 지원하지 않으므로 한글을 사용하려면 별도의 작업이 필요합니다.

■ 다운로드 파일명: 파일명: 게임메이커 한글폰트 추가레인지.txt

① 홈페이지에서 내려받은 한글모음 파일을 메모장으로 열어서 전체선택(Ctrl + A)해서 복사하여 붙여넣기 한 다음 Add Range 를 해주시면 전체 한글을 제한없이 사용할 수 있습니다.

② 게임의 용량을 최적화하기 위해서는 필요한 한글만 사용하는 것이 좋습니다.

o_close_button 오브젝트의 Left Released 이벤트 구현

① o_close_button를 클릭했을 경우 o_result_board를 닫는 코드를 구현하기 위해 Left Released 이벤트에 다음과 같은 코드를 입력합니다.

```
//o_result_board 보드가 있다면 보드를 제거하고 버튼도 제거함.
if(instance_exists(o_result_board)){
        instance_destroy(o_result_board);
}
instance_destroy();
```

■ 룸(화면)에 인스턴스를 생성하여 배치하기

룸(화면)에 오브젝트(인스턴스) 배치하기

① 에셋 브라우저 패널에서 룸을 선택(더블 클릭)하여 작업창에 룸이 표시되도록 합니다.

② 화면에 이미 생성되어 있는 오브젝트들 제외한 나머지 필요한 오브젝트들을 배치하겠습니다.

③ 좌측 레이어 목록 패널에서 "Instances"레이어를 선택합니다.

④ 우측 에셋 브라우저 패널의 오브젝트 폴더 내에서 룸(Room)에 배치할 오브젝트들을(o_wheel, o_btn_play, o_neddle)를 선택하여 룸(화면)에서 적당한 곳에 배치하여 줍니다.

⑤ 룸에 배치된 인스턴스들은 화면 왼쪽 룸 에디터 패널의 왼쪽 인스턴스 레이어 속성창에 보입니다.

■ 실행 및 수정하기

실행 및 수정하기

① 게임메이커 스튜디오 상단의 빠른 메뉴에서 ▷ 재생 버튼을 클릭하면 제작한 게임을 컴파일하여 결과를 별도의 실행창에서 보여줍니다. 게임을 실제로 해보고 제대로 작동하는지 확인합니다.

② 룰렛을 회전시켜보고 멈춘 곳과 결과가 동일하게 표시되는 지 확인합니다.

③ 오류가 있을 경우에는 하단의 output창에 오류사항이 자세하게 표시됩니다. 해당 오류 수정후 재생버튼을 클릭하여 다시 컴파일하면 실행 결과를 볼 수 있습니다.

메모하기

13	Floopy Bird 게임	※ 예제 파일명: Project 13

무엇을 배울까요?	■ 코딩으로 동적으로 장애물 생성 처리를 할 수 있게 됩니다.
	#장애물 동적 생성, #폰트 스프라이트 시스템, #중력 적용

■ 제작된 모습 미리보기 및 제작 순서 안내

■ 이번에는 매우 유명한 게임으로 매우 심플하지만 은근히 중독성있는 게임입니다.

■ 기본적으로 화면을 터치하면 점프하고 가만히 있으면 중력의 영향을 받아 하강하는 아주 단순한 구조입니다.

■ 장애물을 통과하면 통과한 횟수가 상단에 기존의 폰트가 아닌 스프라이트 이미지 폰트를 이용하여 표시합니다.

■ 게임을 할 때마다 장애물이 랜덤 위치에 생성되므로 난이도가 항상 일정하게 유지되는 게임입니다.

프로그램 제작 순서 안내

① 새 스프라이트 애니메이션 및 오브젝트 만들기

② 바닥과 장애물, 기타 스프라이트 및 오브젝트 만들기

③ 룸 배경 스프라이트 생성 및 배경화면 설정하기

④ 각종 효과음 및 배경음악 생성

⑤ 새 움직임 구현하기

⑥ Global Mouse Event와 오브젝트 Mouse Event 차이

⑦ 바닥과 장애물 이벤트 구현하기

⑧ 게임매니저 생성 및 구현하기

⑨ 룸(화면)에 인스턴스를 생성하여 배치하기

⑩ 프로그램 실행 및 테스트 하기

게임코딩

■ 새 스프라이트 애니메이션 및 오브젝트 만들기

새 애니메이션 스프라이트 만들기

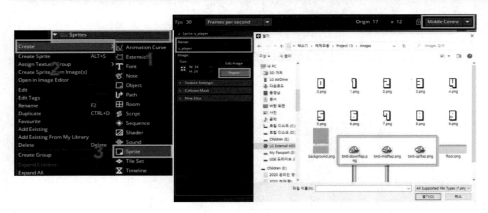

① 화면 우측의 에셋 브라우저 패널의 스프라이트 폴더를 선택하여 새 스프라이트를 만들어줍니다.

② 새 스프라이트 이름은 's_player'라고 지어 주고, Import 를

클릭하여 3개의 이미지를 한 번에 선택하여 불러오기 하면 순서대로 스프라이트 애니메이션 이미지가 됩니다.

③ 스프라이트 기준점을 Middle Center로 설정해줍니다.

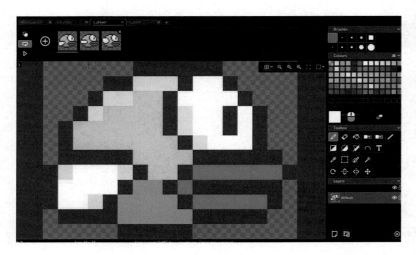

① Edit Image 를 클릭하여 이미지 에디터를 열어서 확인해 봅니다.

② 스프라이트 프레임 이미지 순서가 변경할 필요가 있을 때는 드래그하여 변경하면 됩니다.

새 애니메이션 오브젝트 만들기

① 화면 우측의 에셋 브라우저 패널의 오브젝트 폴더를 선택하여 새 오브젝트를 만듭니다.

② 새 오브젝트 이름은 'o_player'이라고 지어 주고, 해당 스프라이트는 's_wheel' 로 선택합니다.

■ 바닥과 장애물, 기타 스프라이트 및 오브젝트 만들기

바닥 스프라이트 만들기

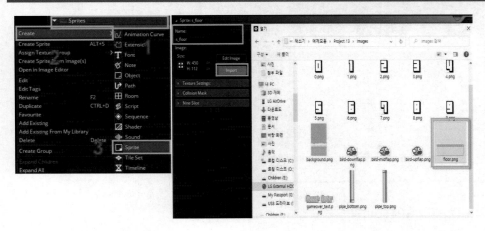

① 화면 우측의 에셋 브라우저 패널의 스프라이트 폴더를 선택하여 새 스프라이트를 만들어줍니다.

② 새 스프라이트 이름은 'S_floor'라고 지어주고, Import 를 클릭하여 floor.png 이미지 파일을 불러오기 합니다.

바닥 스프라이트 만들기

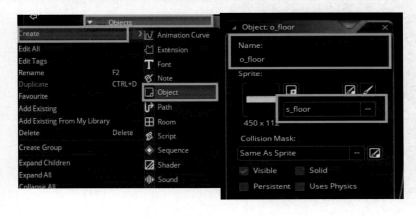

① 화면 우측의 에셋 브라우저 패널의 오브젝트 폴더를 선택하여 새 오브젝트를 만들어줍니다.

② 오브젝트 이름은 'o_floor'이라고 지어 주고, 해당 스프라이트는 's_floor'로 선택합니다.

바닥 오브젝트 만들기

① 화면 우측의 에셋 브라우저 패널의 오브젝트 폴더를 선택하여 새 오브젝트를 만듭니다.

② 새 오브젝트 이름은 'o_floor'이라고 지어 주고, 해당 스프라이트는 's_floor'로 선택합니다.

위쪽 기둥 스프라이트 만들기

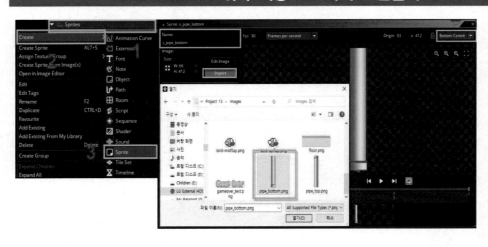

① 화면 우측의 에셋 브라우저 패널의 스프라이트 폴더를 선택하여 새 스프라이트를 만들어줍니다.

② 새 스프라이트 이름은 's_pipe_bottom' 라고 지어 주고, Import 를 클릭

하여 pipe_bottom.png 이미지를 불러옵니다.

③ 스프라이트의 중심점을 Bottom Center로 맞춰줍니다.

위쪽 기둥 오브젝트 만들기

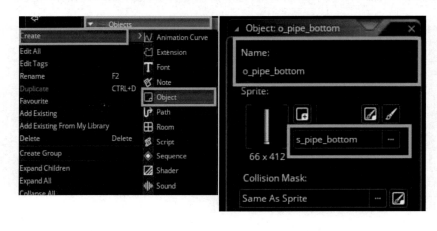

① 화면 우측의 에셋 브라우저 패널의 오브젝트 폴더를 선택하여 새 오브젝트를 만듭니다.

② 새 오브젝트 이름은 'o_pipe_bottom'이라고 지어 주고, 해당 스프라이트는 's_pipe_bottom' 로 선택합니다.

아래쪽 기둥 스프라이트 만들기

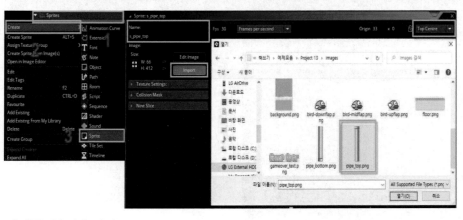

① 화면 우측의 에셋 브라우저 패널의 스프라이트 폴더를 선택하여 새 스프라이트를 만들어줍니다.

② 새 스프라이트 이름은 's_pipe_top' 라고 지어 주고, Import 를 클릭하여 pipe_top.png 이

미지를 불러옵니다.

③ 스프라이트의 기준점을 Top Center로 맞춰줍니다.

아래쪽 기둥 오브젝트 만들기

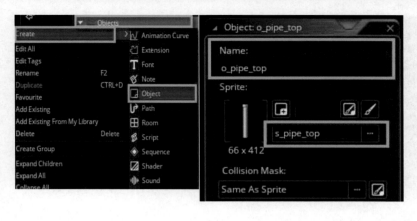

① 화면 우측의 에셋 브라우저 패널의 오브젝트 폴더를 선택하여 새 오브젝트를 만들어 줍니다.
② 새 오브젝트 이름은 'o_pipe_top'이라고 지어 주고, 해당 스프라이트는 's_pipe_top'로 선택해 줍니다.

포인트 체크 스프라이트 만들기

① 화면 우측의 에셋 브라우저 패널의 스프라이트 폴더를 선택하여 새 스프라이트를 만들어줍니다.
② 스프라이트 이름은 's_point'라고 지어 주고, 사이즈 조절

버튼을 클릭하여 캔버스 사이즈를 32 X 1100 로 설정해줍니다.
③ 스프라이트의 기준점은 Middle Left로 설정합니다.

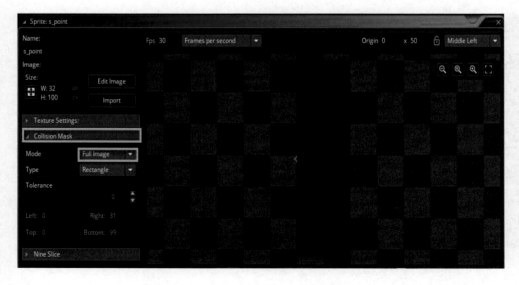

포인트 체크 오브젝트는 새가 장애물을 통과 했는지를 체크하기 위해 기둥 사이에 놓여질 예정입니다. 따라서 화면에서는 보이지 않고 마스크를 통해 충돌 여부만 체크해서 확인할 수 있도록 합니다.

① Collision Mask 탭을 클릭하고 마스크 Mode를 Full Image로 설정해줍니다.

게임코딩

포인트 체크 오브젝트 만들기

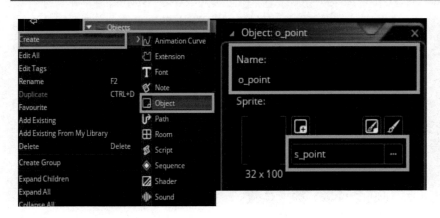

① 화면 우측의 에셋 브라우저 패널의 오브젝트 폴더를 선택하여 새 오브젝트를 만들어 줍니다.

② 새 오브젝트 이름은 'o_point' 라고 지어 주고, 해당 스프라이트는 's_point' 로 선택합니다.

게임 종료 텍스트 스프라이트 만들기

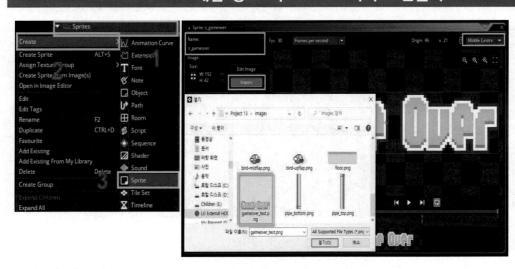

① 화면 우측의 에셋 브라우저 패널의 스프라이트 폴더를 선택하여 새 스프라이트를 만들어줍니다.

② 새 스프라이트 이름은 's_gameover' 라고 지어 주고,

Import 를 클릭하여 gameover_text.png 이미지를 불러옵니다.

게임 종료 텍스트 오브젝트 만들기

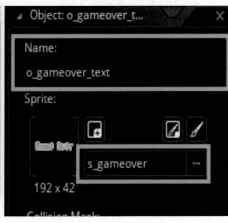

① 화면 우측의 에셋 브라우저 패널의 오브젝트 폴더를 선택하여 새 오브젝트를 만들어줍니다.

② 새 오브젝트 이름은 'o_gameover_text'이라고 지어 주고, 해당 스프라이트는 's_gameover' 로 선택해 줍니다.

■ 룸 배경 스프라이트 생성 및 배경화면 설정하기

룸 배경화면 스프라이트 생성 및 적용하기

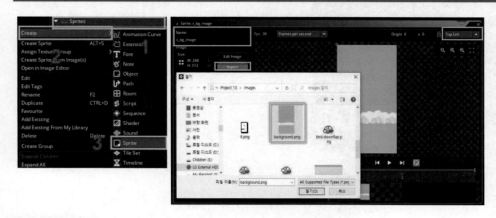

① 화면 우측의 에셋 브라우저 패널의 스프라이트 폴더를 선택하여 새 스프라이트를 만들어 줍니다.
② 새 스프라이트 이름은 's_bg_image'라고 지어 주고,

Import 를 클릭하여 background.png를 선택합니다.

① 화면 오른쪽 에셋 브라우저 패널에서 Room1을 선택합니다.
② 룸에디터 화면 좌측 레이어 패널에서 Background 레이어를 선택합니다.
③ 레이어 패널 바로 밑에 Background 레이어 속성창에서 백그라운드 이미지로 s_bg_image를 선택하고, Stretch 를 선택하여 이미지가 룸 전체를 덮을 수 있도록 합니다.

■ 각종 효과음 및 배경음악 생성

배경음악 생성하기

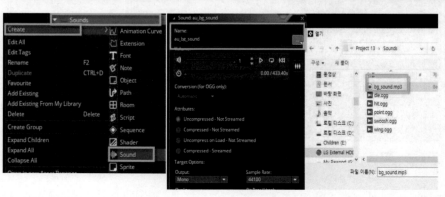

① 화면 우측의 에셋 브라우저 패널의 사운드 폴더를 선택하여 새 사운드를 만들어줍니다.
② 새 사운드 이름은 'au_bg_sound' 라고 지어 주고, 사운드 선택 버튼

을 클릭하여 bg_sound.mp3 사운드 파일을 선택합니다.

게임코딩

효과음 생성하기

< 실패 효과음 >

① 화면 우측의 에셋 브라우저 패널의 사운드 폴더를 선택하여 새 사운드를 만듭니다.

② 새 사운드 이름은 'au_die' 라고 지어주고, 사운드 선택 버튼 █ 를 클릭하여

die.ogg 사운드 리소스를 불러옵니다.

< 포인트 획득 효과음 >

① 화면 우측의 에셋 브라우저 패널의 사운드 폴더를 선택하여 새 사운드를 만듭니다.

② 새 사운드 이름은 'au_point' 라고 지어주고, 사운드 선택 버튼 █ 를 클릭하여

point.ogg 사운드 리소스를 불러옵니다.

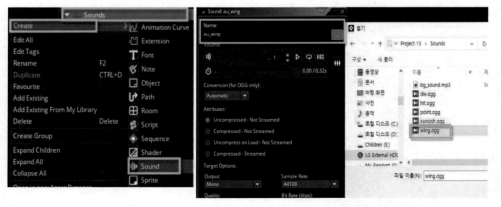

< 날개 짓 획득 효과음 >

① 화면 우측의 에셋 브라우저 패널의 사운드 폴더를 선택하여 새 사운드를 만들어줍니다.

② 새 사운드 이름은 'au_wing' 라고 지어주고, 사운드 선택 버튼 █ 를 클릭하여

wing.ogg 사운드 리소스를 불러옵니다.

■ 새 움직임 구현하기

플레이어(새)가 날 때 날개 짓을 하면서 나는 모습을 보이는데 이를 더욱 실감나게 표현하기 위해 플레이어의 이미지 각도를 조금씩 조절할 것입니다.

플레이어(새)는 게임 시작과 동시에 중력의 영향을 받아 아래로 떨어질 수 있습니다. 이때 마우스 클릭하면 날개 짓과 함께 새가 머리를 들면서 위로 조금씩 올라갑니다.

플레이어(새)의 수평 위치는 항상 그대로 있으면서 수직 위치만 변하는 형태의 움직임으로 구현합니다. 실제 움직이는 것처럼 보이는 이유는 바닥과 기둥 및 배경 화면이 움직이기 때문입니다.

새의 움직임 구현하기

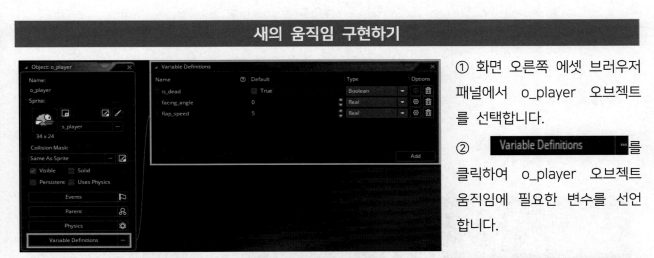

① 화면 오른쪽 에셋 브러우저 패널에서 o_player 오브젝트를 선택합니다.

② **Variable Definitions** 를 클릭하여 o_player 오브젝트 움직임에 필요한 변수를 선언합니다.

변수명	값	설명
is_dead	false	플레이어가 죽었는지 여부
facing_angle	0	플레이어의 머리의 수평위치
flap_speed	5	플레이어의 머리를 들고 숙이는 속도

① 새의 움직임을 구현하기위해 옆의 그림과 같이 Create이벤트, Step이벤트, Alarm 0이벤트, Global Left Pressed 이벤트, o_pipe_bottom 충돌 이벤트, o_pipe_top 충돌 이벤트, o_point 충돌 이벤트의 7개 이벤트를 추가합니다.

② 새의 스프라이트 애니메이션은 클릭과 함께 상승하면서 새의 날개가 움직일 수 있도록 애니메이션을 처리하고, 클릭이 없을 때는 새의 각도와 중력의 영향을 받아 아래쪽으로 하강하도록 합니다.

③ **Global Left Pressed 이벤트**를 추가한 이유는 화면을 클릭했을 때 새가 점프하는 동작을 추가하기 위해서입니다.

o_player 오브젝트의 Create 이벤트 구현

① 새 스프라이트 애니메이션이 자체적으로 진행되지 않도록 설정하는 코드를 Create 이벤트에 아래와 같이 입력합니다.

```
//스프라이트 애니메이션 속도를 0으로 처리해서 애니메이션이 진행되지 않도록 함.
image_speed = 0;
```

o_player 오브젝트의 Step 이벤트 구현

① 새가 나는 것처럼 보이게 하기 위해 새의 머리를 들었다 숙였다 하기 위해 Step이벤트에 아래와 같이 입력합니다.

```
//플레이어가 머리를 들고 있다면 천천히 머리를 숙이도록 설정하고 머리를 숙이고 있다면 머리를 들도록 설정함
if(image_angle > facing_angle){
    image_angle -= flap_speed;
}else if(image_angle < facing_angle){
    image_angle += flap_speed;
}
//플레이이가 룸을 벗어 났을 경우 게임 다시 시작
if(y>room_height){
    room_restart();
}
```

o_player 오브젝트의 Alarm 0 이벤트 구현

① o_player 오브젝트를 클릭한 후 일정 시간 경과후 머리를 숙이도록 설정하기 위해 Alarm 0에 아래와 같이 코드를 입력합니다.

```
//일정 시간 경과후 머리를 숙이도록 설정
facing_angle = -9;
```

o_player 오브젝트의 Global Left Pressed 이벤트 구현

① o_player 오브젝트를 최초로 클릭했을 경우 중력 설정, 바닥 움직임 설정, 머리 숙이는 시간 설정을 합니다.

```
audio_play_sound(au_wing,10,false);          //날개 사운드 재생
if(gravity ==0 ){                            //게임 시작 설정
    gravity = 1.2;                           //중력 설정
    o_gamemanager.alarm[0]=20;               //고개 숙이는 시간 설정
    o_floor.hspeed=-6;                       //바닥 움직이는 속도 설정
}
if(!is_dead){                    //플레이어가 죽지 않았다면
    facing_angle = 10;            //플레이어 각도를 위로
    vspeed = -15;                    //플레이어가 위로 점프
    image_speed =0.5;            //날개짓하는 애니메이션
    alarm[0] = 10;                  //고개 숙이는 시간 설정
}
```

o_player 오브젝트의 o_pipe_bottom 충돌 이벤트 구현

① o_player 인스턴스가 o_pipe_bottom이라는 장애물과 충돌시 이벤트 코드입니다.

```
//플레이어(새)가 죽은 것으로 설정
is_dead=true;
//바닥 움직임 중지
o_floor.hspeed=0;
//플레이어(새) 죽음 사운드 설정
audio_play_sound(au_die,10,false);
```

o_player 오브젝트의 o_pipe_top 충돌 이벤트 구현

① o_player 인스턴스가 o_pipe_top이라는 장애물과 충돌시 이벤트 코드입니다.

```
//플레이어(새)가 죽은 것으로 설정
is_dead=true;
//바닥 움직임 중지
o_floor.hspeed=0;
//플레이어(새) 죽음 사운드 설정
audio_play_sound(au_die,10,false);
```

o_player 오브젝트의 o_point 충돌 이벤트 구현

① o_player 인스턴스가 o_point와 충돌시 점수를 획득하는 이벤트 코드입니다.

```
//플레이어(새)가 점수를 획득했을 경우
with(o_point){
        audio_play_sound(au_point,10,false);
        instance_destroy();
}
    //점수 포인트 증가
o_gamemanager.game_point++;
```

■ Global Mouse Event와 오브젝트 Mouse Event 차이

Mouse Event에는 게임에서 발생할 수 있는 많은 이벤트 중 하나이며 이벤트내에 많은 코드나 작업을 포함할 수 있습니다.

Global Mouse Event와 Mouse Event의 가장 큰 차이는 Global 키워드가 붙어 있는 것이며 이는 이벤트 발생 범위를 지정하는 키워드입니다.

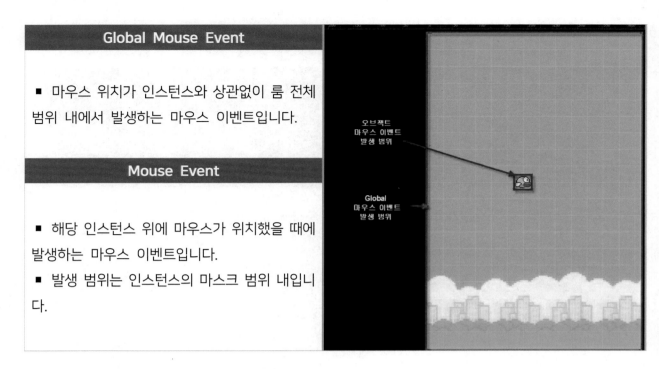

Global Mouse Event
■ 마우스 위치가 인스턴스와 상관없이 룸 전체 범위 내에서 발생하는 마우스 이벤트입니다.

Mouse Event
■ 해당 인스턴스 위에 마우스가 위치했을 때에 발생하는 마우스 이벤트입니다. ■ 발생 범위는 인스턴스의 마스크 범위 내입니다.

오브젝트 마우스 이벤트 발생 범위

Global 마우스 이벤트 발생 범위

■ 기둥과 바닥 오브젝트 이벤트 구현하기

기둥 인스턴스는 생성과 동시에 오른쪽에서 왼쪽으로 이동하는 애니메이션이 적용되어야하고, 화면을 벗어났을 경우 제거되도록 설정하여야 합니다. 그리고, 게임 중이 아니라면 속도를 0 으로 만들어 움직이지 않도록 합니다.

바닥 인스턴스는 게임 시작과 동시에 생성되어 끊임없이 반복해서 움직일 수 있도록 설정합니다.

기둥(o_pipe_bottom, o_pipe_top) 오브젝트 이벤트 구현하기

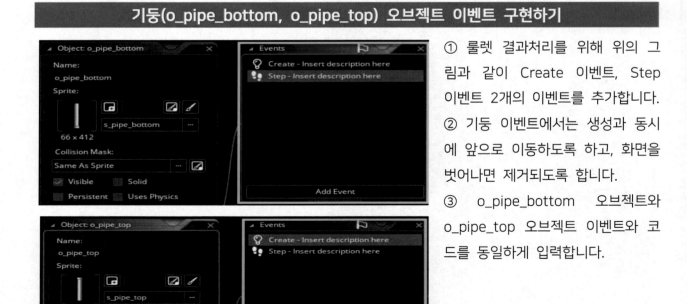

① 룰렛 결과처리를 위해 위의 그림과 같이 Create 이벤트, Step 이벤트 2개의 이벤트를 추가합니다.
② 기둥 이벤트에서는 생성과 동시에 앞으로 이동하도록 하고, 화면을 벗어나면 제거되도록 합니다.
③ o_pipe_bottom 오브젝트와 o_pipe_top 오브젝트 이벤트와 코드를 동일하게 입력합니다.

o_pipe_bottm 오브젝트의 Create 이벤트 구현

① 기둥 생성시 오른쪽에서 왼쪽으로 이동할 수 있도록 수평 스피드를 초기화 해주기 위해 Create 이벤트에 아래와 같이 코드를 입력합니다.

```
//왼쪽에서 오른쪽으로 움직이는 수평 스피드 설정함
hspeed=-4;
```

o_pipe_bottm 오브젝트의 Step 이벤트 구현

① 플레이어가 죽으면 제자리에서 움직이지 않도록 하고, 화면을 벗어나면 제거되도록 Step 이벤트에 아래와 같이 코드를 추가합니다.

```
if (x < -100){    // 기둥이 화면을 벗어나면 제거하기
    instance_destroy();
}
if(o_player.is_dead){    // 플레이어가 죽으면 움직이지 않기
    hspeed=0;
}
```

게임코딩

바닥 오브젝트 이벤트 구현하기

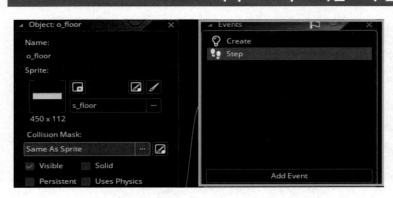

① 화면 우측의 에셋 브라우저 패널의 오브젝트 폴더에서 'o_floor' 오브젝트를 더블 클릭해서 선택합니다.
② 이벤트 목록창에서 Add Event를 클릭하여 Create 이벤트, Step 이벤트를 추가해줍니다.

o_floor 오브젝트의 Create 이벤트 구현

① 바닥도 왼쪽에서 오른쪽으로 움직일 수 있도록 하기 위해 Create이벤트를 더블클릭해서 코드 입력 창을 열어서 아래와 같이 입력해 줍니다.

```
//왼쪽에서 오른쪽으로 움직이는 수평 스피드 설정함
hspeed=-4;
```

o_floor 오브젝트의 Step 이벤트 구현

① 바닥이 무한반복으로 움직이도록 하기 위해 Step이벤트를 더블클릭해서 코드 입력창을 열어서 아래와 같이 입력해 줍니다

```
//바닥 위치가 20만큼 이동했다면
if(x<-20){
    x=x+20;
}
```

■ 게임매니저 생성 및 구현

게임매니저 오브젝트 생성하기

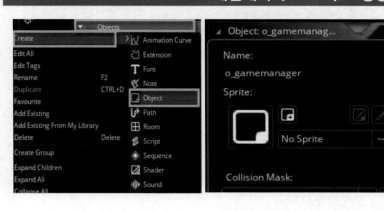

① 화면 우측의 에셋 브라우저 패널의 오브젝트 폴더를 선택하여 새 오브젝트를 만들어줍니다.
② 새 오브젝트 이름은 'o_gamemanager' 이라고 입력합니다.

게임매니저 오브젝트 이벤트 구현하기

① 화면 오른쪽 에셋 브러우저 패널에서 o_player 오브젝트를 선택합니다.
② Variable Definitions 를 클릭하여 o_player 오브젝트 움직임에 필요한 변수를 선언합니다.

변수명	값	설명
p_position	0	기둥 위치
p_spread	200	기둥의 벌어진 정도
game_point	0	게임 점수

① 화면 우측의 에셋 브라우저 패널의 오브젝트 폴더에서 'o_gamemanager' 오브젝트를 더블클릭해서 선택합니다.
② 이벤트 목록창에서 Add Event를 클릭하여 Create 이벤트, Alarm 0이벤트, Draw 이벤트를 추가해줍니다.

o_gamemanager 오브젝트의 Create 이벤트 구현

① Create 이벤트에 게임 시작시 기존 사운드 제거 및 배경음악을 재생하고, 점수를 일반 텍스트가 아닌 스프라이트로 표시하기 위한 글로벌 폰트 스프라이트 변수를 선언합니다.

```
//게임 스코어를 스프라이트와 연동시켜 표시
global.floppy_font=font_add_sprite(s_score,ord("0"),true,-1);
audio_stop_all();
audio_play_sound(au_bg_sound,2,false);
```

o_gamemanager 오브젝트의 Alarm 0 이벤트 구현

① Alarm 0 이벤트에서는 파이프의 위치를 랜덤하게 생성합니다. 파이프 사이를 통과했을 경우 득점 포인트 인스턴스도 같이 배치합니다.

```
if(!o_player.is_dead){              //게임중이라면
    alarm[0]=100;                   //알람 재호출 시간 지정
     //파이프의 위치가 랜덤한 위치에 생성되도록 함.
    p_position = random(300) + p_spread;
    //파이프와 득점 포인트 인스턴스 생성
    instance_create_layer(room_width,p_position + p_spread/2,"Instances",o_pipe_top);
     instance_create_layer(room_width,p_position -
                            p_spread/2,"Instances",o_pipe_bottom);
    instance_create_layer(room_width,p_position,"Instances",o_point);
}
```

o_gamemanager 오브젝트의 Draw 이벤트 구현

① Draw 이벤트에서는 게임매니저에서 게임 포인트를 표시합니다. 게임매니저는 자신의 이미지는 없기 때문에 draw_self()는 생략해도 됩니다.

```
//텍스트 칼라 설정
draw_set_color(c_white);
//텍스트 폰트 설정
draw_set_font(global.floppy_font);
//텍스트 수평 위치 설정
draw_set_halign(fa_center);
//텍스트 쓰기
draw_text(room_width/2,10,string(game_point));
```

코드 설명	font_add_sprite (spr, first, prop, sep)

이 기능을 사용하면 "스프라이트 연속 이미지"를 사용하여 각 하위 이미지가 개별 기호 또는 문자인 새로운 글꼴 자산을 만들 수 있습니다. 사용할 첫 번째 색인 문자나 숫자값은 UTF-8 코드값이며 이는 ord () 함수를 사용하여 시작 문자에 대한 올바른 UTF-8 값을 설정할 수 있습니다. 생성된 스프라이트 글꼴은 하위 연속이미지와 UTF-8 코드값이 서로 대응하여 정의될 수 있습니다. 글꼴 크기 비례 여부 표시를 통해 텍스트의 모든 공간은 그 텍스트 폭에 비례 또는 일정 크기로 렌더링될 수 있습니다.

매개 변수	spr	글꼴로 사용할 스프라이트 연속 이미지입니다.
	first	사용할 첫 번째 문자 색인값 (UTF8 코드 값)입니다.
	prop	글꼴 크기에 비례하여 표시 여부
	sep	각 문자 사이의 공백
반환값		생성한 새 글꼴 고유 ID 값

■ 룸(화면)에 인스턴스를 생성하여 배치하기

룸(화면)에 오브젝트(인스턴스) 배치하기

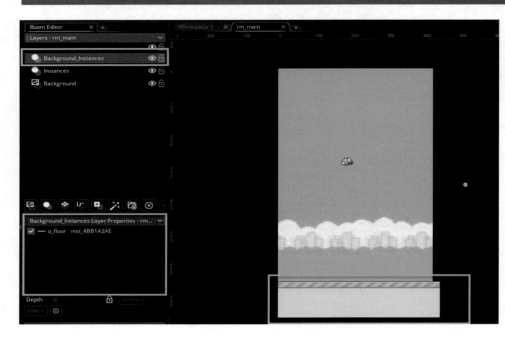

① 에셋 브라우저 패널에서 룸을 선택(더블 클릭)하여 작업창에 룸이 표시 되도록 합니다.
② 좌측 레이어 목록 패널에서 "Background_Instances"레이어를 선택합니다.
③ 우측 에셋 브라우저 패널의 오브젝트 폴더 내에서 o_floor

오브젝트를 위의 그림과 아래쪽 끝에 그림과 같이 맞춰 배치합니다.
④ 룸에 배치된 인스턴스들은 화면 왼쪽 룸 에디터 패널의 왼쪽 인스턴스 레이어 속성창에 보입니다.

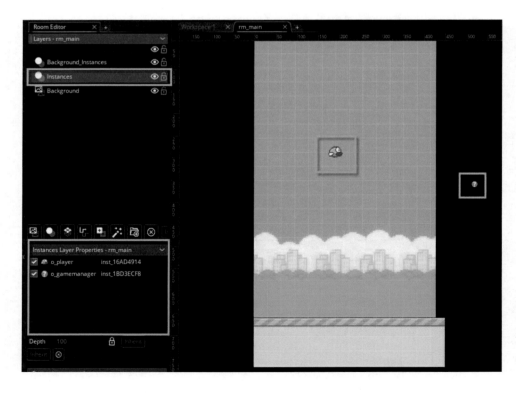

① 좌측 레이어 목록 패널에서 "Instances"레이어를 선택합니다.
② 화면 오른쪽 에셋 브라우저 패널의 오브젝트 폴더 내에서 o_player 오브젝트, o_gamemanager 오브젝트를 그림과 같이 맞춰 배치합니다. 물음표가 게임메니저 오브젝트입니다.
③ 룸에 배치된 인스턴스들은 화면 왼쪽

룸 에디터 패널의 왼쪽 인스턴스 레이어 속성창에 보입니다.

■ 실행 및 수정하기

실행 및 수정하기

① 게임메이커 스튜디오 상단의 빠른 메뉴에서 ▶ 재생 버튼을 클릭하면 제작한 게임을 컴파일하여 결과를 별도의 실행창에서 보여줍니다. 게임을 실제로 해보고 제대로 작동하는지 확인합니다.

② 장애물 기둥이 제대로 설치되는지 포인트가 제대로 올라가는지 새가 제대로 나는지 확인합니다.

③ 오류가 있을 경우에는 하단의 output창에 오류사항이 자세하게 표시됩니다. 해당 오류 수정후 재생버튼을 클릭하여 다시 컴파일하면 실행 결과를 볼 수 있습니다.

메모하기

14	카드 매칭 게임	※ 예제 파일명: Project 14

무엇을 배울까요?	■ 화면 크기를 고려하여 인스턴스를 동적으로 배치하고, 이미지 스케일 값 변화를 통해 뒤집는 효과를 낼 수 있게 됩니다.
	#스트립 이미지 분할, #배열, #삼각함수, #뒤집기 효과, #파티클 효과, #시작화면

■ 제작된 모습 미리보기 및 제작 순서 안내

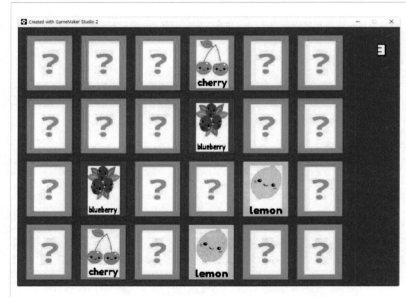

■ 이번에는 숨겨져 있는 두 장의 같은 카드를 찾는 카드 매칭 게임입니다.

■ 기본적으로 카드를 클릭하면 카드가 부드럽게 뒤집어지는 모습을 보이면서 해당 카드의 스프라이트 이미지가 보여집니다.

■ 두 장의 카드가 같을 경우는 맞춘 피드백 효과와 숫자가 올라가고, 틀렸을 경우 자동으로 다시 카드가 뒤집어 집니다.

■ 모든 카드를 다 뒤집히면 게임이 종료되고 R키를 누르면 게임이 다시 시작됩니다.

프로그램 제작 순서 안내

① 카드 스프라이트 애니메이션 및 오브젝트 만들기

② 배경화면 스프라이트 생성 및 룸 설정

③ 점수 스프라이트와 파티클 효과 생성

④ 각종 효과음 및 배경음악 생성

⑤ 게임매니저 생성 및 구현하기

⑥ 카드 움직임 및 이벤트 구현하기

⑦ 사인함수와 이미지 변환

⑧ 시작 화면 생성

⑨ 룸(화면)에 인스턴스를 생성하여 배치하기

⑩ 프로그램 실행 및 테스트 하기

■ 카드 스프라이트 애니메이션 및 오브젝트 만들기

카드 스프라이트 애니메이션 만들기

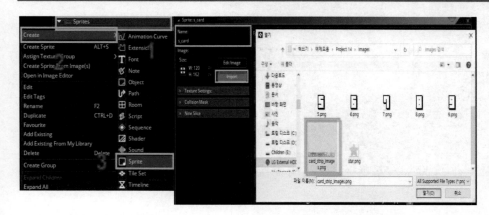

① 화면 우측의 에셋 브라우저 패널의 스프라이트 폴더를 선택하여 새 스프라이트를 만듭니다.

② 스프라이트 이름은 's_card'라고 지어 주고, Import 를 클릭하여 여러 개의 카드가 하나의 이미지 파일로 되어 있는 "card_strip_image.png' 파일을 선택합니다.

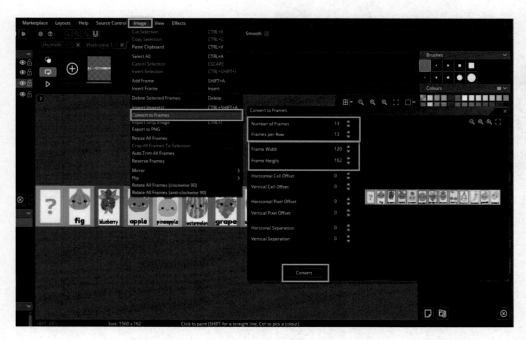

① 스프라이트 에디터의 Edit Image 를 클릭하여 이미지 에디터를 엽니다.

② 연속된 이미지를 분할하기 위해 이미지 에디터 상단 메뉴 [Image] - [Convert to Frames] 메뉴를 선택합니다.

③ Frame Width: 120, Frame Height:162 로 설정하고, Number of Row 13으로 변경한 다음 Convert를 클릭합니다.

④ 상단의 프레임 이미지에 위와 같은 개별로 분리된 프레임 이미지들을 볼 수 있습니다.

게임코딩

① 스프라이트 에디터에서 카드가 애니메이션되어 보이는 것을 중지하기 위해 Fps:0 으로 설정합니다.
② 스프라이트의 기준점을 Middle Center로 설정합니다.

카드 오브젝트 만들기

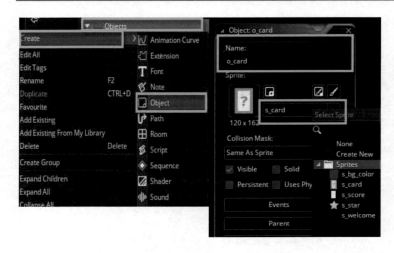

① 화면 우측의 에셋 브라우저 패널의 오브젝트 폴더를 선택하여 새 오브젝트를 만들어줍니다.
② 오브젝트 이름은 'o_card'이라고 지어 주고, 해당 스프라이트는 's_card'를 선택해 줍니다.

■ 배경화면 스프라이트 생성 및 룸 설정

배경 스프라이트 만들기

① 화면 우측의 에셋 브라우저 패널의 스프라이트 폴더를 선택하여 새 스프라이트를 만들어줍니다.
② 스프라이트 이름은 's_bg_color'라고 지어 주고, Edit Image 를 클릭하여 꽉 찬 초록색 배경의 사각형을 그려줍니다.

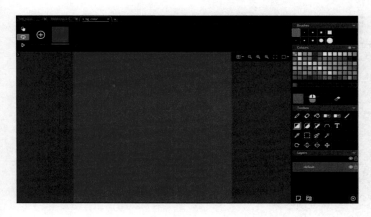

① 이미지 에디터의 화면 오른쪽 그리기 툴에서 사각형 도구나 페인트 통을 이용하여 캔버스를 꽉차게 만들어 줍니다.

룸 배경 화면 설정하기

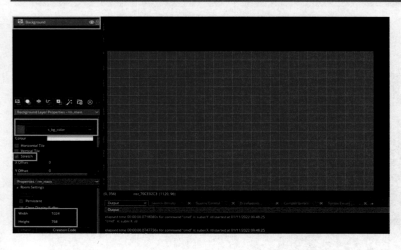

① 룸 에디터의 화면 왼쪽의 레이어 패널에서 Background 레이어를 선택합니다.

② 패널 바로 아래 Background 레이어 속성에서 스프라이트를 s_bg_color를 선택하고, 화면을 꽉 채우기 위해 Stretch에 체크합니다.

③ 아래쪽 룸 속성창에서 룸의 크기를 1024 X 278로 변경해줍니다.

■ 점수 스프라이트 생성 및 파티클 효과 생성

점수 스프라이트 만들기

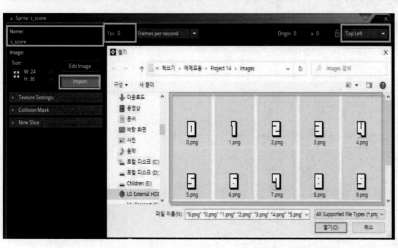

① 화면 우측의 에셋 브라우저 패널의 스프라이트 폴더를 선택하여 새 스프라이트를 만들어줍니다.

② 새 스프라이트 이름은 's_score' 라고 입력해 주고, Import 를 클릭하여 o.png ~ 9.png파일을 모두 선택하여 한번에 불러오기 합니다.

③ 스프라이트 애니메이션이 진행되지 않도록 Fps:0 으로 설정하고, 기준점을 TopLeft로 설정합니다.

게임코딩

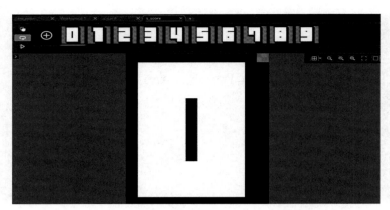

① **Edit Image** 를 클릭하여 0부터 9까지 순서대로 이미지가 불러오기 되어 있는지 확인합니다. 순서변경은 프레임 이미지를 선택하여 드래그하면 변경할 수 있습니다.

파티클 효과 만들기

① Particle Designer 2.5를 실행합니다. 이번에는 내장 파티클말고 별도의 이미지를 이용하여 파티클 효과를 만들어 보도록 하겠습니다.

② **Sprite** 버튼을 클릭하고, **Load** 버튼을 클릭합니다.

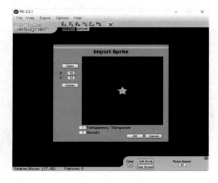

③ Images폴더 내에 있는 Star.png파일을 불러오고 **Center** 를 클릭하여 중심점을 중앙으로 변경해줍니다.

④ 별 이미지를 이용하여 파티클 효과를 만들기 위해서는 게임메이커 스튜디오에서 해당 스프라이트를 별도로 만들어주고, 파티클 효과 스크립트에서도 해당 스프라이트로 이름을 변경해주어야 합니다.

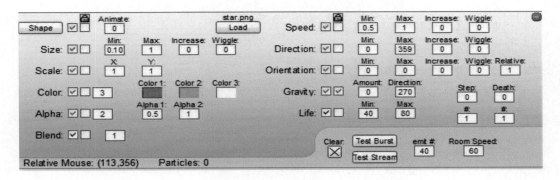

① 위와 같이 Size, Color, Alpha, Speed, Life, Emit 개수의 파티클 속성을 조절합니다. 여러 값을 수정해보고 더 좋은 파티클 효과를 만들어 보셔도 됩니다.

① 파티클 효과를 만들었으면 상단 메뉴의 [Export] - [This Tab] - [Clipboard]를 클릭하여 코드를 복사합니다.

파티클 효과 스크립트 만들기

scr_init_particle_effect 스크립트 구현하기

① 화면 우측의 에셋 브라우저 패널의 스크립트 폴더를 선택하여 새 스크립트를 만들어줍니다
② 시스템 자원 낭비를 막기 위해 파티클 시스템을 생성하여 초기화하는 스크립트 와 필요시 호출하는 스크립트로 두 개로 나누어 스크립트를 생성합니다.
③ 파티클 시스템을 생성하여 초기화 스크립트로 "scr_init_particle_effect" 이름을 변경하고 스크립트내에 파티클 시스템에서 클립보드에 복사한 스크립트를 붙여넣기 합니다.

④ 해당 스크립트에서 파티클 시스템과 타입을 global변수로 생성하는 부분을 수정하고, Emitter 부분을 잘라내기 합니다.

global.particle_system=part_system_create();

global.particle_star = part_type_create();

⑤ 스크립트내 알맞은 매개변수를 글로벌 변수로 수정해줍니다.

```
function scr_init_particle_effect(){
        global.particle_system=part_system_create();
        global.particle_star = part_type_create();
        part_system_layer(global.particle_system,"Effects");
        part_type_sprite(global.particle_star,s_star,0,0,0);
        part_type_size(global.particle_star,0.10,1,0,0);
        part_type_scale(global.particle_star,1,1);
        part_type_color3(global.particle_star,65408,33023,16777215);
        part_type_alpha2(global.particle_star,0.50,1);
        part_type_speed(global.particle_star,0.50,1,0,0);
        part_type_direction(global.particle_star,0,359,0,0);
        part_type_gravity(global.particle_star,0,270);
        part_type_orientation(global.particle_star,0,30,0,0,1);
        part_type_blend(global.particle_star,1);
        part_type_life(global.particle_star,40,80);
}
```

scr_particle_effect_star 스크립트 구현하기

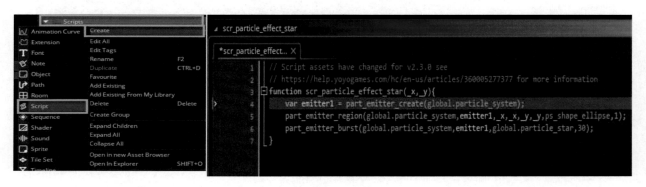

① 화면 우측의 에셋 브라우저 패널의 스크립트 폴더를 선택하여 새 스크립트를 만들어줍니다

② 파티클 효과를 화면에 나타내는 부분으로 "scr_particle_effect_star" 이름을 변경하고 스크립트

내에 매개변수 _x, _y를 추가해줍니다.

③ 잘라낸 스크립트를 내부에 붙여넣기 한 다음 매개변수를 수정한 변수로 수정해줍니다.

파티클 효과 스프라이트 만들기

파티클 디자이너에서 사용한 테스트 이미지**를 게임내에 있는** 스프라이트로 교체**해주어야 합니다.**

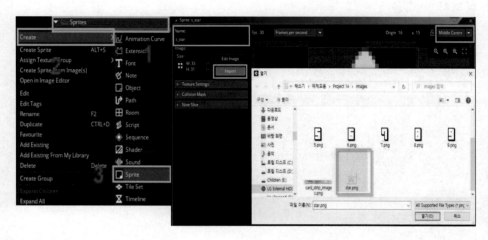

① 화면 우측의 에셋 브라우저 패널의 스프라이트 폴더를 선택하여 새 스프라이트를 만듭니다.

② 새 스프라이트 이름은 's_star'라고 지어 주고, Import 를 클릭하여 star.png파일을

선택합니다.

③ 스프라이트 기준점을 Middle Center로 설정합니다.

④ "scr_init_particle_effect" 스크립트 내에 있는 코드 중에서 part_type_sprite (global.particle_star,s_star,0,0,0); 이 s_star 로 변경되어 있는지 확인합니다.

■ 각종 효과음 및 배경음악 생성

배경음악 생성하기

① 화면 우측의 에셋 브라우저 패널의 사운드 폴더를 선택하여 새 사운드를 만듭니다.

② 새 사운드 이름은 'au_bg_sound'라고 지어 주고, 불러오기 버튼 ··· 을 클릭하여

bg_sound.mp3 사운드를 불러옵니다.

효과음 생성하기

< 카드 매칭 실패시 효과음 >

① 화면 우측의 에셋 브라우저 패널의 사운드 폴더를 선택하여 새 사운드를 만들어줍니다.

② 새 사운드 이름은 'au_fail'라고 지어 주고, 불러오기 버튼 ▨을 클릭하여 fail.mp3 사운드를 불러옵니다.

< 카드 뒤집어 질 때 효과음 >

① 화면 우측의 에셋 브라우저 패널의 사운드 폴더를 선택하여 새 사운드를 만듭니다.

② 새로 추가할 사운드 이름은 'au_flip_sound'라고 지어 주고, 불러오기 버튼 ▨을 클릭하여 flip_sound.mp3 사운드를 불러옵니다.

< 카드 매칭 성공 효과음 >

① 화면 우측의 에셋 브라우저 패널의 사운드 폴더를 선택하여 새 사운드를 만듭니다.

② 새로 추가할 사운드 이름은 'au_success'라고 지어 주고, 불러오기 버튼 ▨을 클릭하여 success.mp3 사운드를 불러옵니다.

< 카드 매칭 완료시 효과음 >

① 화면 우측의 에셋 브라우저 패널의 사운드 폴더를 선택하여 새 사운드를 만듭니다.

② 새로 추가할 사운드 이름은 'au_success_end'라고 지어 주고, 불러오기 버튼 ▨을 클릭하여 success_end.mp3 사운드를 불러옵니다.

■ 게임매니저 생성 및 구현하기

게임매니저 생성 하기

① 화면 오른쪽 에셋 브라우저 패널에서 오브젝트 폴더를 선택한 다음 새 오브젝트를 만듭니다.

② 새 오브벡트 이름은 "o_gamemanager"으로 입력하고, 대상 스프라이트를 's_card'를 선택합니다.

③ **Variable Definitions** ┈┈ 를 클릭하여 변수 선언창을 열어서 위와 같이 필요한 변수를 추가해줍니다.

변수명	값	설명
total_matches	0	맞춰야할 전체 카드 수
can_flip	true	현재 카드 뒤집을 수 있는 여부
flipped_cards	0	뒤집어진 카드수
last_card	none	이전 뒤집은 카드 ID
matches_found	0	매칭된 카드수

게임매니저 이벤트 구현하기

① 게임매니저 오브젝트의 이벤트로 전체 시스템을 제어하기 위한 초기설정을 하는 Create 이벤트, 게임 전체에 대한 상황 체크를 담당할 Step 이벤트, 게임 스코어 처리를 담당하는 Draw GUI 이벤트의 3개의 이벤트를 추가해줍니다.

게임코딩

o_gamemanager 오브젝트의 Create 이벤트 구현

① 게임매니저에서 전체 시스템을 제어하기 위한 초기 설정을 Create 이벤트에서 아래와 같은 코드를 입력합니다.

```
//파티클시스템 초기화
scr_init_particle_effect();

//점수 표시 스프라이트 폰트 생성
global.floppy_font=font_add_sprite(s_score,ord("0"),true,-1);
audio_play_sound(au_bg_sound,5,true);

//카드 총 개수는 전체 개수 X 2 (매칭 게임이므로)
var number_of_cards = (sprite_get_number(s_card) - 1) * 2;
var cards;

//같은 번호를 2개 생성하여 각 배열에 저장합니다.
for (var i = 0; i < number_of_cards; i++)
{
    cards[i] = floor(i / 2) + 1;
}
//같은 번호가 붙어 있기 때문에 카드 섞기
randomize();
```

```
// 카드를 화면에 배치할 가로줄 수 계산

var cards_per_row = number_of_cards div 4;

var swap = 0;

var tmp = 0;

//같은 번호가 붙어 있기 때문에 카드 섞기

for(i = number_of_cards - 1; i > 0; i--)

{

        swap = floor(random(i));

        tmp = cards[i];

        cards[i] = cards[swap];

        cards[swap] = tmp;

}

//카드 여백

var spacing = 25;

var xx;

var yy;

var card;

//카드를 화면에 배치합니다.

for(i = 0; i < number_of_cards; i++)

{

        //카드 배치는 아래 그림 참고

        xx =  sprite_width / 2 + spacing

                    + (sprite_width + spacing) * (i mod cards_per_row);

        yy = sprite_height / 2 + spacing

                    + (sprite_height + spacing) * floor(i / cards_per_row);


        card = instance_create_layer(xx, yy, "Cards", o_card);


        card.type = cards[i];

}

//총 맞춰야 할 카드 개수

total_matches = number_of_cards / 2;
```

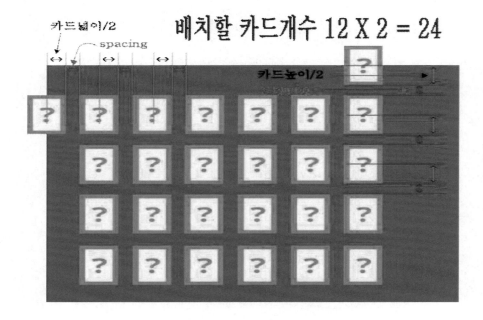

o_gamemanager 오브젝트의 Step 이벤트 구현

① 게임매니저의 Step이벤트는 개별 인스턴스 검사보다는 게임컨트롤에 대한 입력제어를 위해 아래와 같은 코드를 입력합니다.

```
//사용자 키 입력 검사
if(keyboard_check_pressed(ord("R"))) room_restart();
if(keyboard_check_pressed(vk_escape)) game_restart();
if(matches_found == total_matches){          //완료여부 검사
        //게임을 다시 시작하기 위한 설정
        matches_found = -1;
        audio_play_sound(au_success_end,11,false);          //성공 사운드 재생
}
//게임 완료시 아무키나 누르면 다시 시작하도록 설정함.
if(matches_found < 0){
    if(keyboard_check_pressed(vk_anykey)) room_restart();
}
```

o_gamemanager 오브젝트의 Draw GUI 이벤트 구현

① 게임 스코어 처리를 위해 Draw GUI이벤트에서 아래와 같은 코드를 입력합니다.

```
draw_set_color(c_white);                    //폰트 색상 지정
draw_set_font(global.floppy_font);          //폰트 설정
draw_set_halign(fa_center);                 //텍스트 높이 설정
draw_text(room_width-50,50,string(matches_found));        //텍스트 쓰기
```

카드 움직임 구현하기

카드 움직임 구현하기

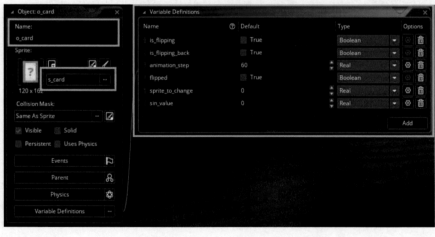

① 화면 오른쪽 에셋 브라우저 패널에서 오브젝트 폴더를 선택한 다음 새 오브젝트를 만들어줍니다.

② 새 오브벡트 이름은 "o_card" 으로 입력하고 대상 스프라이트로 s_card를 지정합니다.

③ Variable Definitions

를 클릭하여 변수 선언창을 열어서 위와 같이 필요한 변수를 추가해줍니다.

변수명	값	설명
is_flipping	false	현재 카드를 뒤집고 있는 중인가
is_flipping_back	false	현재 카드를 원래대로 뒤집고 있는 중인가
anmation_step	60	카드를 뒤집을 때 사용할 총 단계
flipped	false	뒤집혔는지 여부
sprite_to_change	0	뒤집었을 때의 스프라이트 프레임 이미지 인덱스
sin_value	0	카드 뒤집을 때 사용하는 스케일 값(사인 함수 이용)

카드 움직임 이벤트 구현하기

① o_card 오브젝트 이벤트 목록창에서 Create 이벤트, Step 이벤트, Alarm 0 이벤트, Left Pressed 이벤트 4개의 이벤트를 추가해줍니다.

② Create 이벤트 : 카드 초기설정 작업, Step 이벤트 : 카드 뒤집어서 이미지 나오는 작업, Alarm 0 이벤트 : 카드 원래대로 뒤집는 작업, Left Pressed 이벤트 : 카드 상태 검사 및 카드 매칭여부 검사 작업

o_card 오브젝트의 Create 이벤트 구현

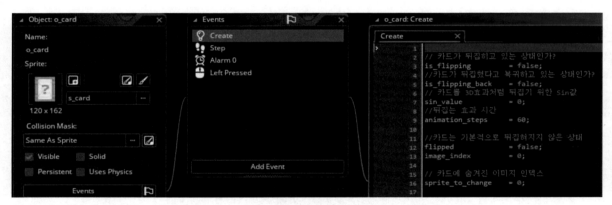

① 카드 초기설정 작업을 위해 Create 이벤트에 아래의 코드를 입력합니다.

```
// 카드가 뒤집히고 있는 상태인가?
is_flipping = false;
//카드가 뒤집혔다고 복귀하고 있는 상태인가?
is_flipping_back= false;
// 카드를 3D효과처럼 뒤집기 위한 Sin값
sin_value = 0;
//뒤집는 효과 시간
animation_steps        = 60;


//카드는 기본적으로 뒤집혀지지 않은 상태
flipped                 = false;
image_index             = 0;
sprite_to_change    = 0;          // 카드에 숨겨진 이미지 인덱스
```

o_card 오브젝트의 Step이벤트 구현

① 카드 뒤집어서 이미지 나오는 작업을 위해 Step 이벤트에 아래의 코드를 입력합니다.

```
//카드 뒤집히는 효과를 줄 경우 작용함.
if(!is_flipping_back and !is_flipping) exit;


// 카드 뒤집을 수 없음
o_gamemanager.can_flip = false;


//삼각함수를 이용한 부드러운 단계로 x스케일을 이용하여 3D효과의 뒤집기 효과 제공
sin_value += (pi * 2) / animation_steps;


if (sin_value >= pi *2) sin_value = 0;
image_xscale = sin(sin_value);


// 현재 카드를 뒤집는 상태라면
if(is_flipping){
        // image_xscale >= 0이 될때까지 뒷면유지
        image_index = 0;


        //  image_xscale >= 0이되면 변해야할 이미지로 인덱스 변경
        if(image_xscale >= 0) image_index = sprite_to_change;
```

```
        // 뒤집기가 끝났을 경우라면
        if(image_xscale == 1){
                is_flipping = false;                    //초기화
                sin_value = 0;
                o_gamemanager.can_flip = true;          //뒤집기 허용
                // and exit this step
                exit;
        }
}else          // 되돌리기하는 상태라면
{
        // image_xscale >= 0이 될때까지 이전 스프라이트 유지
        image_index = sprite_to_change;

        // image_xscale >= 0이되면 뒷면으로 표시
        if(image_xscale >= 0) image_index = 0;

        // 되돌리기가 끝난 상태라면
        if(image_xscale == 1)
        {
                is_flipping_back = false;               // 초기화
                sin_value = 0;
                o_gamemanager.can_flip = true;          //뒤집기 허용
                exit;
        }
}
```

o_card 오브젝트의 Alarm 0 이벤트 구현

① 카드 원래대로 뒤집는 작업을 위해 Alarm 0 이벤트에 아래와 같은 코드를 입력합니다.

```
// 카드 원래대로 뒤집어 놓을 때 사용
// 카드 설정 초기화
flipped = false;
o_gamemanager.last_card.flipped = false;

//카드를 원래대로 뒤집고 있는 중이라고 설정
is_flipping_back = true;
o_gamemanager.last_card.is_flipping_back = true;
o_gamemanager.flipped_cards = 0;
o_gamemanager.last_card = "null";
```

o_card 오브젝트의 Left Pressed 이벤트 구현

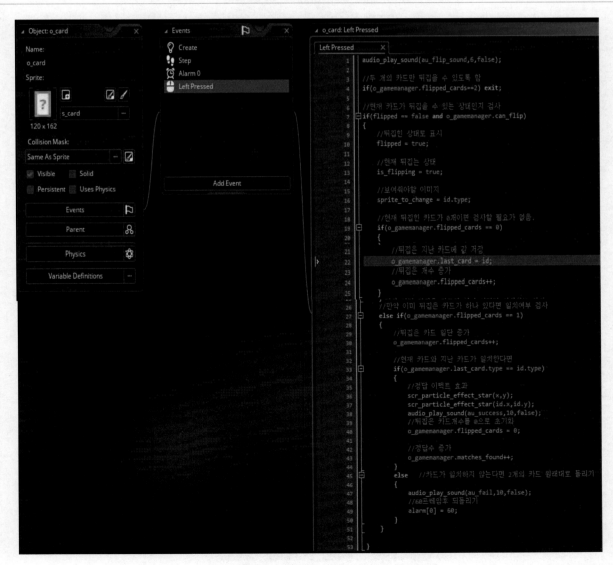

게임코딩

① 카드 상태 검사 및 카드 매칭여부 검사 작업을 위해 Left Pressed 이벤트에 아래와 같은 코드를 입력합니다.

```
//뒤집는 사운드 재생
audio_play_sound(au_flip_sound,6,false);
//두 개의 카드만 뒤집을 수 있도록 함
if(o_gamemanager.flipped_cards==2) exit;
//현재 카드가 뒤집을 수 있는 상태인지 검사
if(flipped == false and o_gamemanager.can_flip)
{
        //뒤집힌 상태로 표시
        flipped = true;
        //현재 뒤집는 상태
        is_flipping = true;
        //보여줘야할 이미지
        sprite_to_change = id.type;
        //현재 뒤집힌 카드가 0개이면 검사할 필요가 없음.
        if(o_gamemanager.flipped_cards == 0){
                //뒤집은 지난 카드에 값 저장
                o_gamemanager.last_card = id;
                //뒤집은 개수 증가
                o_gamemanager.flipped_cards++;
        }
        else if(o_gamemanager.flipped_cards == 1)
        {
                //만약 이미 뒤집은 카드가 하나 있다면 일치여부 검사
                //뒤집은 카드 일단 증가
                o_gamemanager.flipped_cards++;

                //현재 카드와 지난 카드가 일치한다면
                if(o_gamemanager.last_card.type == id.type)
                {
                        //정답 이펙트 효과
                        scr_particle_effect_star(x,y);
                        scr_particle_effect_star(id.x,id.y);
                          //성공 사운드 재생
                        audio_play_sound(au_success,10,false);
```

```
                    //뒤집은 카드개수를 0으로 초기화
                    o_gamemanager.flipped_cards = 0;


                    //정답수 증가
                    o_gamemanager.matches_found++;
            }
            else    //카드가 일치하지 않는다면 2개의 카드 원래대로 돌리기
            {
                    audio_play_sound(au_fail,10,false);
                    //60프레임후 되돌리기
                    alarm[0] = 60;

            }
        }
}
```

■ 룸(화면)에 인스턴스를 생성하여 배치하기

룸(화면)에 오브젝트(인스턴스) 배치하기

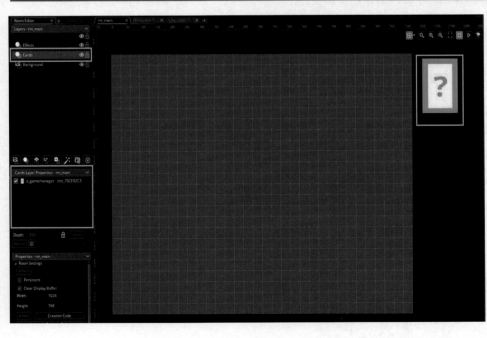

① 화면 오른쪽 에셋 브라우저 패널에서 룸(Room1)을 선택(더블클릭)하여 작업 창에 룸이 표시되도록 합니다.

② 화면 왼쪽 룸 에디터 패널의 레이어 목록 창에서 (인스턴스 추가 버튼)를 클릭하여 새로운 인스턴스 레이어를 추가합니다.

③ 인스턴스 레이어 이름을 Effects 와 Cards 레이어로 이름을 변경합니다.

④ Cards 레이어를 선택하고 화면 오른족 에셋 브라우저 패널의 오브젝트 폴더 내에서

게임코딩

o_gamemanager 오브젝트를 우측 화면 바깥쪽에 배치합니다.

⑤ 룸에 배치된 인스턴스들은 화면 왼쪽 룸 에디터 패널의 왼쪽 인스턴스 레이어 속성창에 보입니다.

■ 사인 함수와 이미지 변환

삼각함수를 이용하면 부드러운 단계로 x스케일을 이용하여 3D 효과처럼 뒤집기 효과를 제공할 수 있습니다.

$$sin\_value \mathrel{+}= (pi * 2) \mathbin{/} animation\_steps;$$

$$if\ (sin\_value >= pi\ {*}2)\ sin\_value = 0;$$

$$image\_xscale = sin(sin\_value);$$

다음 코드는 카드를 클릭했을 경우 카드에 숨겨진 이미지 스케일을 0부터 1까지 15단계로 스케일을 변화시켜 카드를 뒤집어 줍니다. 사인 함수를 이용할 경우 시작 시에는 큰 스케일 값으로 마지막으로 갈수록 작은 스케일 값의 변화로 부드러운 이미지 변환 효과를 줄 수 있습니다.

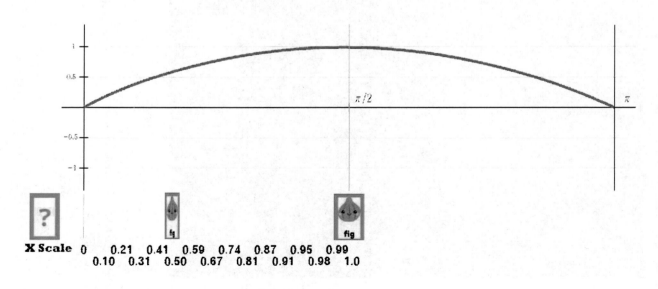

Sin함수로 변환된 X scale 값

■ 시작화면 스프라이트 생성 및 시작화면 설정하기

시작화면 스프라이트 생성하기

① 화면 우측의 에셋 브라우저 패널의 스프라이트 폴더를 선택하여 새 스프라이트를 만듭니다.
② 새로 추가할 스프라이트 이름은 's_welcome'라고 지어 주고 ⬗를 클릭하여 Resize Canvas 크기를 1024 X 768로 설정해줍니다.
③ Fps를 2로 설정하여 애니메이션이 천천히 전개되도록 합니다.

① 스프라이트 에디터에서 **Edit Image** 를 클릭하여 이미지 에디터를 엽니다.
② 텍스트 도구를 선택하여 견고딕 폰트와 사이즈 65로 설정한 다음 제목을 만들어 줍니다.
③ 폰트 사이즈를 30으로 변경한 다음 아래쪽에 텍스트를 추가해줍니다.

① 첫 번째 프레임 이미지를 복사하여 추가합니다.
② 화면 가운데 폰트 사이즈 30 크기의 "게임을 시작하려면 아무키나 눌러주세요."라는 텍스트를 추가합니다.

시작화면 오브젝트 생성하기

① 화면 우측의 에셋 브라우저 패널의 오브젝트 폴더를 선택하여 새 오브젝트를 만들어줍니다.

② 오브젝트 이름은 'o_welcome'이라고 지어 주고, 해당 스프라이트는 's_welcome'를 선택해 줍니다.

시작화면 이벤트 구현하기

① 이벤트목록에서 Step이벤트를 추가해주고 시작화면에서 사용자 키 입력을 감지하기 위한 다음과 같은 코드를 입력해줍니다.

```
//ESC 키 입력시 게임 종료
if(keyboard_check_pressed(vk_escape))
        game_end();
else if(keyboard_check_pressed(vk_anykey))
        room_goto_next();
```

시작화면 룸 추가 및 오브젝트 배치

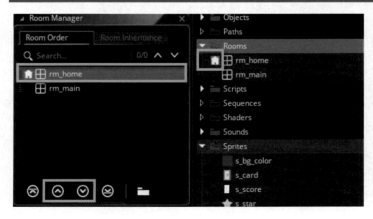

① 화면 우측의 에셋 브라우저 패널의 룸 폴더를 선택하여 새 룸을 추가해줍니다.

② 추가한 룸 이름은 rm_home 으로 게임 룸 이름은 rm_main으로 변경합니다.

③ 룸 이름 옆에 있는 🏠를 클릭하여 룸 순서를 조정해줍니다. rm_home이 먼저 나오도록 설정해줍니다.

① 화면 오른쪽 에셋 브라우저 패널의 룸 풀더에서 rm_home 을 선택하여 Instances 레이어를 선택한 다음 "o_welcome"를 화면에 배치해줍니다.

■ 실행 및 수정하기

실행 및 수정하기

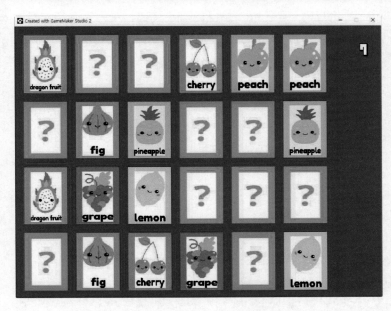

① 게임메이커 스튜디오 상단의 빠른 메뉴에서 ▷ 재생 버튼을 클릭하면 제작한 게임을 컴파일하여 결과를 별도의 실행창에서 보여줍니다. 게임을 실제로 해보고 제대로 작동하는지 확인합니다.

② 카드가 제대로 뒤집어 지는지, 카드가 제대로 매치 되는지, 카드 매칭 카운트는 제대로 작동하는지 여부를 체크합니다.

③ 오류가 있을 경우에는 하단의 output창에 오류사항이 자세하게 표시됩니다. 해당 오류 수정후 재생버튼을 클릭하여 다시 컴파일하면 실행 결과를 볼 수 있습니다.

메모하기

| 15 | 1945 슈팅 게임 | ※ 예제 파일명: Project 16 |

무엇을 배울까요?	■ 경로를 통한 인스턴스의 다양한 움직임 설정 및 움직이는 적을 향해 이동하는 모션 타켓 기능에 대해 알게 됩니다.
	#랜덤 경로 설정, #모션 타켓 설정, #에셋 폴더별 관리, #글로벌 변수

■ 제작된 모습 미리보기 및 제작 순서 안내

- 이번에는 우주에서 쳐들어온 외계인들과 싸우는 슈팅 게임입니다.
- 다양한 아이템들이 랜덤하게 등장하여 게임의 재미를 더하고, 다양한 무기 아이템을 통해 공격력을 업그레이드 할 수 있으며, 유도탄 발사시 적을 향해 자동으로 날아가는 모션 움직임 효과도 볼 수 있습니다.
- 일정 시간 후 적 대장이 나타나며 대장을 무찌르면 게임이 종료되는 게임입니다.
- 예전에 오락실에서 아주 유명했던 1945 게임과 유사한 형태로 제작된 슈팅 게임입니다.

프로그램 제작 순서 안내

① 적과 비행기 스프라이트 애니메이션 및 오브젝트 만들기
② 발사체 스프라이트 및 오브젝트 만들기
③ 아이템 스프라이트 애니메이션 및 오브젝트 만들기
④ 게임 배경 스프라이트 생성
⑤ 에셋 브라우저 패널 폴더 생성 정리
⑥ 룸 추가 및 룸 레이어 추가
⑦ 룸 배경 애니메이션 적용
⑧ 게임 UI 스프라이트 및 오브젝트 만들기
⑨ 효과음 및 배경음악 생성

⑩ 적 이동 경로 만들기
⑪ 게임 관련 스크립트 생성
⑫ 게임매니저 생성 및 구현
⑬ 적 움직임 구현
⑭ 인스턴스 깊이
⑮ 플레이어 움직임 설정 및 총알 발사 구현
⑯ 게임 관련 버튼 이벤트 구현하기
⑰ 룸(화면)에 인스턴스를 생성하여 배치하기
⑱ 프로그램 실행 및 테스트 하기

■ 적과 비행기 스프라이트 애니메이션 및 오브젝트 만들기

적 스프라이트 애니메이션 만들기

① 화면 우측의 에셋 브라우저 패널의 스프라이트 폴더를 선택하여 새 스프라이트를 만듭니다.

② 새 스프라이트 이름은 's_enemy'라고 지어 주고, 이미지 크기는 36 X 36, 애니메이션 속도로 Fps는 3으로 설정해줍니다.

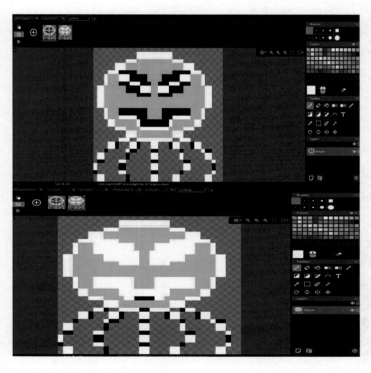

① 스프라이트 에디터의 **Edit Image** 를 클릭하여 이미지 에디터를 엽니다.

② 원, 선, 사각형 그리기 도구를 이용하여 적을 만들어 보세요.

③ 스프라이트 애니메이션 효과를 주기 위해 그려진 프레임 이미지를 복사하여 조금 수정을 해줍니다.

④ 두 번째 프레임 이미지는 색상을 조금 수정해서 애니메이션 효과가 날 수 있도록 합니다.

① 스프라이트 에디터의 마스크 설정에서 Mode: Manual, Type: Rectangle로 설정한 다음 마스크 영역 크기를 조금 줄여줍니다.

② 스프라이트 기준점을 Middle Center로 설정해줍니다.

적 오브젝트 만들기

① 화면 우측의 에셋 브라우저 패널의 오브젝트 폴더를 선택하여 새 오브젝트를 만듭니다.

② 새 오브젝트 이름은 'o_enemy'이라고 지어 주고, 해당 스프라이트는 's_enemy'을 선택합니다.

적 대장 스프라이트 애니메이션 만들기

① 화면 우측의 에셋 브라우저 패널의 스프라이트 폴더를 선택하여 새 스프라이트를 만들어줍니다.

② 새 스프라이트 이름은 's_big_enemy'라고 지어 주고, Import 적 대장 이미지 2개를 동시에 선택하여 불러오기 합니다.

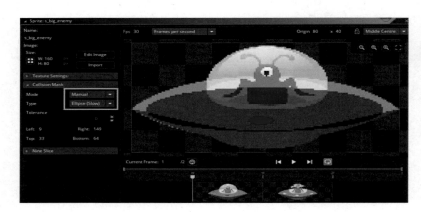

① 적대장 스프라이트 에디터의 Collision Mask 에서 Mode: Manual, Type: Elipse(Slow)로 설정한 다음 마스크 영역 크기를 조금 줄여줍니다.

적 대장 오브젝트 만들기

① 화면 우측의 에셋 브라우저 패널의 오브젝트 폴더를 선택하여 새 오브젝트를 만듭니다.

② 새 오브젝트 이름은 'o_big_enemy'이라고 지어 주고, 해당 스프라이트는 's_big_enemy'을 선택합니다.

비행기 스프라이트 애니메이션 만들기

① 화면 우측의 에셋 브라우저 패널의 스프라이트 폴더를 선택하여 새 스프라이트를 만듭니다.

② 새 스프라이트 이름은 's_player'라고 지어 주고,  를 클릭하여 크기를 48 X 48로 설정합니다.

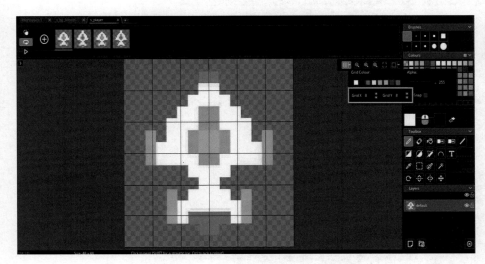

① 스프라이트 에디터의 **Edit Image** 를 클릭하여 이미지 에디터를 엽니다.

② 먼저 그리드 선을 8 X 8 로 설정하여 보이도록 한 다음 선, 사각형 그리기 도구를 이용하여 멋진 비행기를 만들어 보세요.

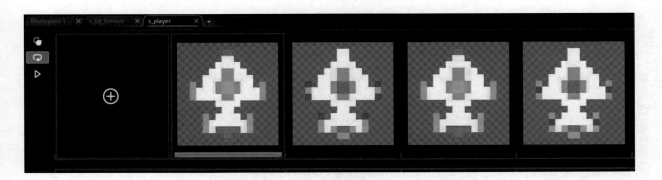

① 스프라이트의 첫 번째 프레임 이미지가 완성되고 나면 Ctrl +C로 복사한 다음 붙여 넣기를 총 4장의 프레임 이미지를 만듭니다.

② 다음 프레임 이미지를 선택한 다음 선, 사각형 그리기 도구를 사용하여 이전 이미지와 다른 색상을 가질 수 있도록 합니다. 반복하여 총 4장의 프레임 이미지를 만듭니다.

③ 다 만든 다음 재생 버튼 ▷ 을 클릭하여 애니메이션을 확인한 다음 조금씩 수정을 해서 완성합니다.

① 스프라이트 에디터의 **Collision Mask** 에 서 마스크 Mode: Manual 로 마스크 Type: Diamond(Slow)로 설정한 다음 마스크 조절점을 이용하여 마스크 영역 크기를 조금 줄여줍니다.

비행기 오브젝트 만들기

① 화면 우측의 에셋 브라우저 패널의 오브젝트 폴더를 선택하여 새 오브젝트를 만들어줍니다.
② 새 오브젝트 이름은 'o_player'이라고 지어 주고, 해당 스프라이트는 's_player'을 선택합니다.

플레이어 추진체 스프라이트 애니메이션 만들기

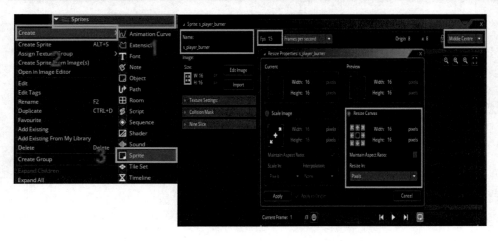

① 화면 우측의 에셋 브라우저 패널의 스프라이트 폴더를 선택하여 새 스프라이트를 만들어줍니다.
② 새 스프라이트 이름은 's_player'라고 지어 주고, ▦를 클릭하여 크기를 48 X 48로 설정합니다.

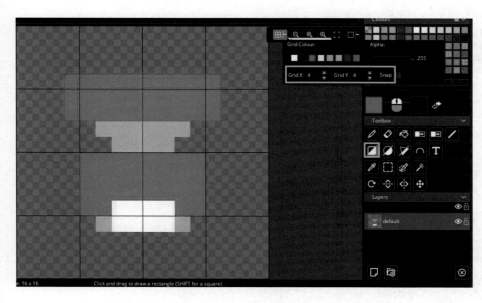

① 스프라이트 에디터의 Edit Image 를 클릭하여 이미지 에디터를 엽니다.

② 먼저 그리드를 4 X 4로 설정하여 선이 보이도록 한 다음 선, 사각형 그리기 도구를 이용하여 멋진 비행기 추진체를 만들어 보세요.

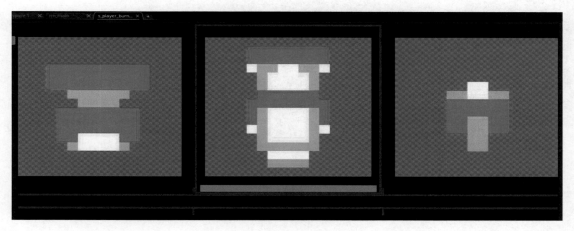

① 스프라이트의 첫 번째 프레임 이미지가 완성되고 나면 복사한 다음 이미지에 조금씩 수정을 가합니다.

② 위의 작업을 반복하여 총 3장의 프레임 이미지를 만들어 줍니다.

① 화면 우측의 에셋 브라우저 패널의 오브젝트 폴더를 선택하여 새 오브젝트를 만들어줍니다.

② 새 오브젝트 이름은 'o_player_burner'이라고 지어주고, 해당 스프라이트는 's_player_burner'를 선택해 줍니다.

■ 발사체 스프라이트 애니메이션 및 오브젝트 만들기

이번 게임에는 플레어이가 가지고 있는 기본 발사체, 방사형 발사체, 화살형 발사체, 유도 발사체의 총 4종류의 무기와 적이 쏘는 발사체 1종류가 등장합니다.

플레이어가 가지고 있는 발사체 중에서 방사형 발사체는 기본 발사체가 펴져 나가는 형태이기 때문에 3종류의 발사체 오브젝트만 만들어 주면 됩니다.

발사체 이미지는 책과 똑같이 하지 않아도 됩니다. 여러분의 그림 솜씨를 더해서 더 멋진 발사체를 만들어 보세요.

기본 발사체 스프라이트 만들기

① 화면 우측의 에셋 브라우저 패널의 스프라이트 폴더를 선택하여 새 스프라이트를 만듭니다.
② 스프라이트 이름은 's_enemy'라고 지어 주고, 이미지크기는 36 X 36, 애니메이션 속도로 Fps는 3으로 설정해줍니다.

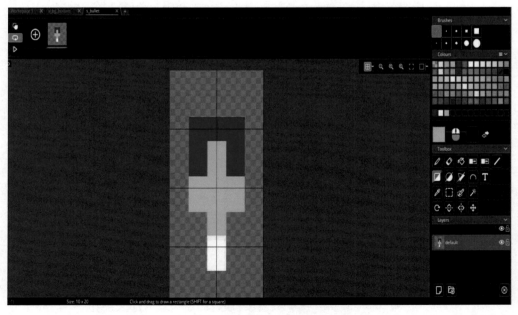

① 스프라이트 에디터의 Edit Image 를 클릭하여 이미지 에디터를 엽니다.
② 사각형 그리기 도구를 선택하고, 색상 팔레트에서 파란색을 선택한 다음 윗부분을 그립니다. 다음으로 하늘색 색상으로 변경한 다음 중간부분을 그립니다. 마지막으로 흰색으로 끝부분을 마무리 해서 기본 발사체 이미지를 그립니다.

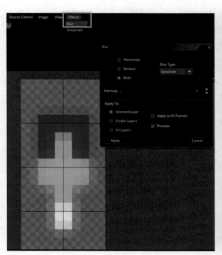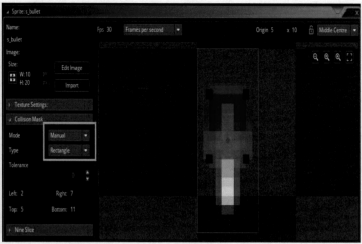

① 스프라이트 에디터의 ◢ Collision Mask 에서 마사크 Mode: Manual, 마스크 Type: Rectangle로 설정한 다음 마스크 영역 크기를 조금 줄여줍니다.
① 이미지 에디터 상단 메뉴 [Effects] – [Blur]를 선택하여 강도 값을 1 또는 2의 번짐 효과를 줍니다.

기본 발사체 오브젝트 만들기

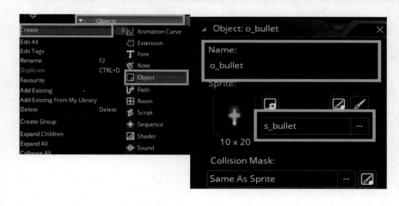

① 화면 우측의 에셋 브라우저 패널의 오브젝트 폴더를 선택하여 새 오브젝트를 만들어줍니다.
② 새 오브젝트 이름은 'o_bullet'이라고 지어 주고, 해당 스프라이트는 's_bullet'을 선택합니다.

화살형 발사체 스프라이트 애니메이션 만들기

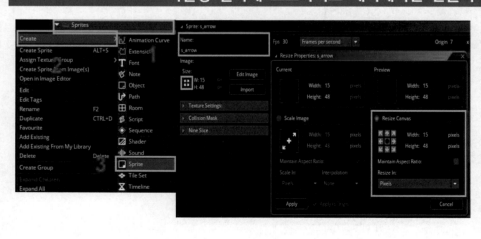

① 화면 우측의 에셋 브라우저 패널의 스프라이트 폴더를 선택하여 새 스프라이트를 만들어줍니다. 새 스프라이트 이름은 's_arrow'라고 지어 주고, 캔버스 사이즈는 15 X 48 로 설정합니다.

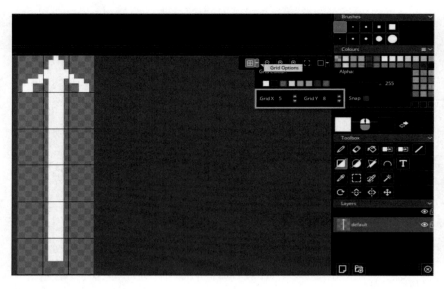

① 스프라이트 에디터의 Edit Image 를 클릭하여 이미지 에디터를 엽니다.

② 그리드를 5 X 8로 설정한 다음 선과 사각형 그리기 도구를 이용하여 화살표 발사체를 만들어 보세요.

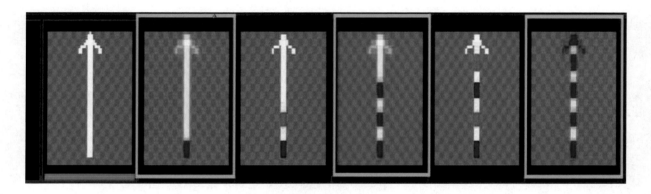

① 첫 번째 프레임 이미지를 복사하여 총 6개의 프레임 이미지를 만듭니다.

② 그린 화살표 발사체를 복사하여 붙여넣기한 다음 색상 변화를 주어 6개의 발사체 프레임 이미지를 만들어 줍니다.

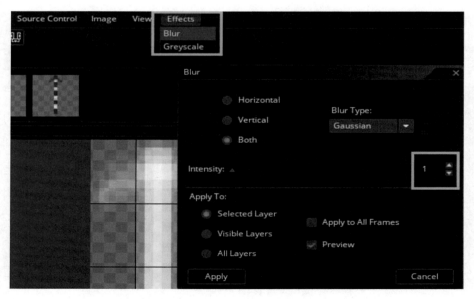

① 2, 4, 6번째 프레임 이미지를 선택하여 이미지 에디터 상단 메뉴 [Effects] - [Blur]를 선택하여 번짐 효과를 줍니다.

그것이 알고 싶다

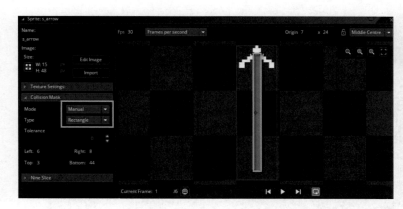

① 스프라이트 에디터의 **Collision Mask** 에서 마스크 Mode: Manual, 마스크 Type: Rectangle로 설정한 다음 마스크 영역 크기를 그림과 같이 줄여줍니다.

화살형 발사체 오브젝트 만들기

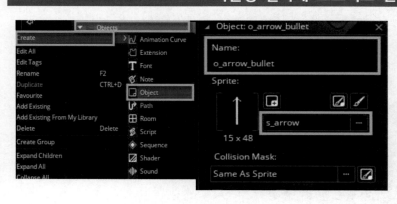

① 화면 우측의 에셋 브라우저 패널의 오브젝트 폴더를 선택하여 새 오브젝트를 만듭니다.
② 오브젝트 이름은 'o_bullet'이라고 지어 주고, 해당 스프라이트는 's_bullet'을 선택해 줍니다.

유도형 발사체 스프라이트 애니메이션 만들기

① 화면 우측의 에셋 브라우저 패널의 스프라이트 폴더를 선택하여 새 스프라이트를 만들고, 스프라이트 이름은 's_missile', 이미지 크기는 16 X 26 으로 설정합니다.

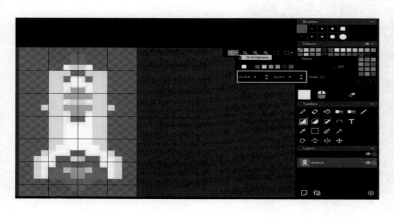

① 스프라이트 에디터의 **Edit Image** 를 클릭하여 이미지 에디터를 엽니다.
② 그리드를 4 X 4로 설정한 다음 선, 사각형 그리기 도구를 이용하여 유도 발사체를 만들어 보세요.

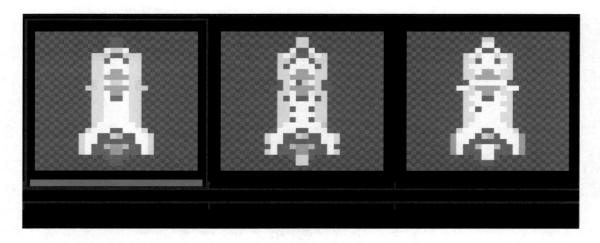

① 다 그린 첫 번째 화살표 발사체 이미지를 복사한 다음 색상 변화를 주어 3개의 발사체 프레임 이미지를 만듭니다.

① 스프라이트 에디터의 **Collision Mask** 에 서 Mode: Manual, Type: Rectangle로 설정한 다음 마스크 영역 크기를 조금 줄여줍니다.

화살형 발사체 오브젝트 만들기

① 화면 우측의 에셋 브라우저 패널의 오브젝트 폴더를 선택하여 새 오브젝트를 만들어줍니다.

② 새 오브젝트 이름은 'o_missile'이라고 지어 주고, 해당 스프라이트는 's_missile'을 선택해 줍니다.

■ 아이템 스프라이트 및 오브젝트 만들기

아이템 종류에는 발사체 아이템, 파워 업 아이템, 생명 증가 아이템, 플레이어 증가 아이템이 있습니다.

화살형 발사체 아이템 스프라이트 애니메이션 만들기

① 화면 우측의 에셋 브라우저 패널의 스프라이트 폴더를 선택하여 새 스프라이트를 만듭니다.
② 새 스프라이트 이름은 's_arrow_bullet_item'이라고 지어 주고, 이미지 크기는 24 X 24, FPS는 5로 설정합니다.

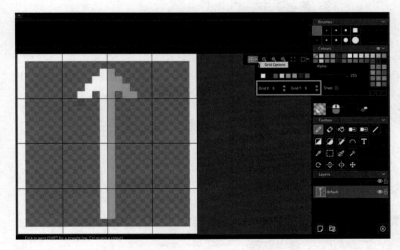

① 스프라이트 에디터의 **Edit Image** 를 클릭하여 이미지 에디터를 엽니다.
② 선, 사각형 그리기 도구를 이용하여 위와 같은 사각형 테두리 속에 있는 화살 발사체를 그립니다.

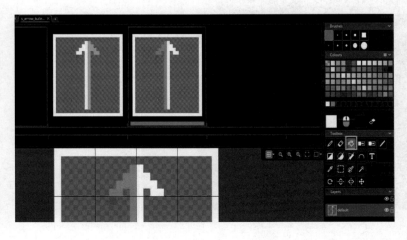

① 스프라이트의 첫 번째 프레임 이미지가 완성되고 나면 복사한 다음 이미지를 수정해서 2장의 프레임 이미지를 더 만들어 줍니다.
② 페인트 통을 이용하여 원하는 색상으로 변경할 수 있습니다.

화살형 발사체 아이템 오브젝트 만들기

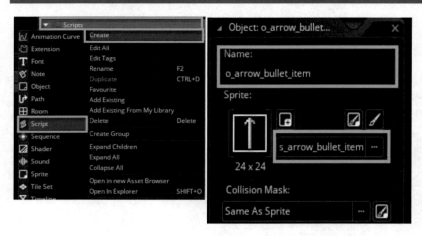

① 화면 우측의 에셋 브라우저 패널의 오브젝트 폴더를 선택하여 새 오브젝트를 만듭니다.

② 새 오브젝트 이름은 'o_arrow_bullet_item'이라고 지어 주고, 해당 스프라이트는 's_arrow_bullet_item'을 선택합니다.

유도형 발사체 아이템 스프라이트 애니메이션 만들기

① 화면 우측의 에셋 브라우저 패널의 스프라이트 폴더를 선택하여 새 스프라이트를 만들어줍니다.

② 스프라이트 이름은 's_homing_missile_item'이라고 지어 주고, 이미지크기는 24 X 24, FPS는 5로 설정합니다.

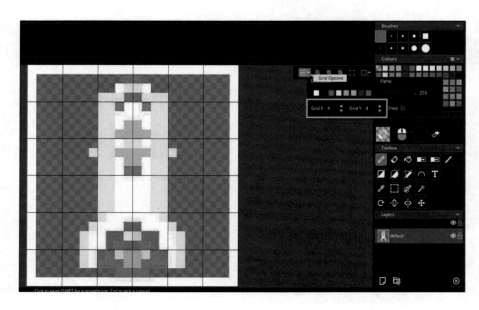

① 스프라이트 에디터의 Edit Image 를 클릭하여 이미지 에디터를 엽니다.

② 선, 사각형 그리기 도구를 이용하여 위와 같은 사각형 테두리 속에 있는 유도 발사체를 그립니다.

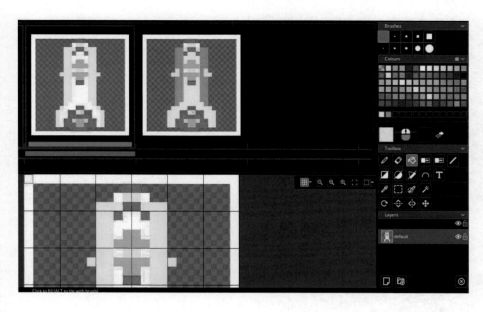

① 스프라이트의 첫 번째 프레임 이미지가 완성되고 나면 복사한 다음 다음 이미지에 조금의 수정을 해서 2장의 프레임 이미지를 만들어 줍니다.

② 페인트 통을 이용하여 원하는 색상으로 변경할 수 있습니다.

화살형 발사체 아이템 오브젝트 만들기

① 화면 우측의 에셋 브라우저 패널의 오브젝트 폴더를 선택하여 새 오브젝트를 만듭니다.

② 새 오브젝트 이름은 'o_homing_missile_item'이라고 지어 주고, 해당 스프라이트는 's_homing_missile_item'을 선택합니다.

방사형 발사체 아이템 스프라이트 애니메이션 만들기

① 화면 우측의 에셋 브라우저 패널의 스프라이트 폴더를 선택하여 새 스프라이트를 만들어줍니다.

② 새 스프라이트 이름은 's_spread_bullet_item'이라고 지어 주고,

이미지크기는 24 X 24, FPS는 5로 설정합니다.

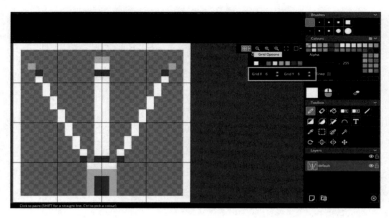

① 스프라이트 에디터의 Edit Image 를 클릭하여 이미지 에디터를 엽니다.
② 선, 사각형 그리기 도구를 이용하여 위와 같은 사각형 테두리 속에 있는 부채 모양 발사체를 그립니다.

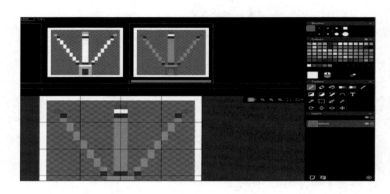

① 스프라이트의 첫 번째 프레임 이미지가 완성되고 나면 복사한 후 다음 이미지에 조금의 수정을 해서 2장의 프레임 이미지를 만듭니다.
② 페인트 통을 이용하여 원하는 색상으로 변경할 수 있습니다.

방사형 발사체 아이템 오브젝트 만들기

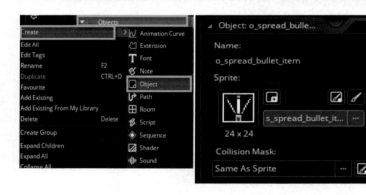

① 화면 우측의 에셋 브라우저 패널의 오브젝트 폴더를 선택하여 새 오브젝트를 만듭니다.
② 새 오브젝트 이름은 'o_spread_bullet_item'이라고 지어주고, 해당 스프라이트는 's_spread_bullet_item'을 선택합니다.

적 발사체 스프라이트 애니메이션 만들기

① 화면 우측의 에셋 브라우저 패널의 스프라이트 폴더를 선택하여 새 스프라이트를 만들고, 스프라이트 이름은 's_enemy_bullet'이라고 지어주고, 이미지크기는 12 X 12, FPS는 5로 설정합니다.

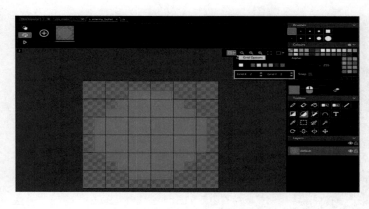

① 스프라이트 에디터의 **Edit Image** 를 클릭하여 이미지 에디터를 엽니다.

② 그리드를 2 X 2로 설정한 다음 원 도구를 사용하여 원을 그려줍니다.

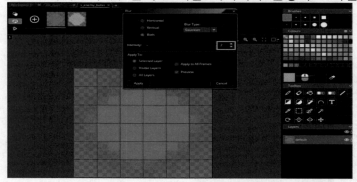

① 스프라이트의 첫 번째 프레임 이미지가 완성되고 나면 복사한 다음 이미지에 색상을 변경해 줍니다.

② 이미지 에디터 상단 메뉴의 [Effect]-[Blur]을 선택하여 두 개의 이미지에 Blur 효과를 주도록 합니다.

적 발사체 아이템 오브젝트 만들기

① 화면 우측의 에셋 브라우저 패널의 오브젝트 폴더를 선택하여 새 오브젝트를 만들어줍니다.

② 새 오브젝트 이름은 'o_enemy_bullet'이라고 지어 주고, 해당 스프라이트는 's_enemy_bullet'을 선택해 줍니다.

파워업 스프라이트 애니메이션 만들기

① 화면 우측의 에셋 브라우저 패널의 스프라이트 폴더를 선택하여 새 스프라이트를 만들어줍니다.

② 새 스프라이트 이름은 's_bullet_power_up_item'으로 입력하고, 이미지크기는 24 X 24, FPS는 5로 설정합니다

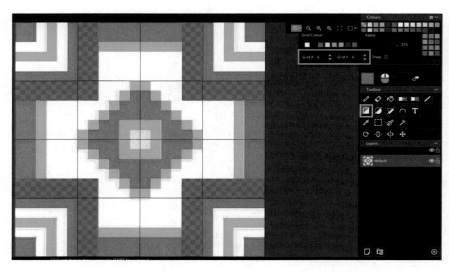

① 스프라이트 에디터의 Edit Image 를 클릭하여 이미지 에디터를 엽니다.
② 그리드는 8 X 8로 설정합니다.
③ 화면 오른쪽 그리기 도구 상자에서 선, 사각형 그리기 도구를 이용하여 위와 같은 모양과 같은 아이템을 그립니다.

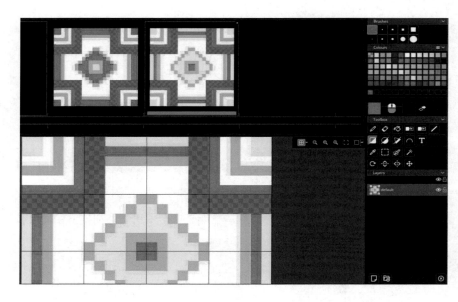

① 스프라이트의 첫 번째 프레임 이미지가 완성되고 나면 복사한 다음 다음 이미지에 조금의 수정을 해서 2장의 프레임 이미지를 만들어줍니다.
② 색상을 변경하고 싶은 때는 페인트 통을 이용하거나 색상 교체 도구를 이용하여 원하는 색상으로 편리하게 변경할 수 있습니다.

파워업 아이템 오브젝트 만들기

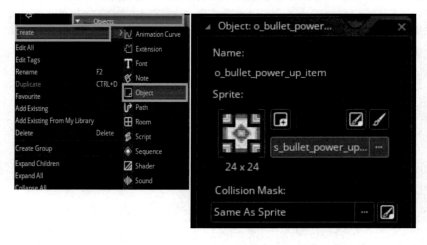

① 화면 우측의 에셋 브라우저 패널의 오브젝트 폴더를 선택하여 새 오브젝트를 만들어줍니다.
② 새 오브젝트 이름은 'o_bullet_power_up_item'이라고 지어 주고, 해당 스프라이트는 's_bullet_power_up_item'을 선택합니다.

생명 아이템 스프라이트 애니메이션 만들기

① 화면 우측의 에셋 브라우저 패널의 스프라이트 폴더를 선택하여 새 스프라이트를 만들고, 스프라이트 이름은 's_life_item'으로 입력하고, 이미지크기는 24 X 24, FPS는 5로 설정합니다.

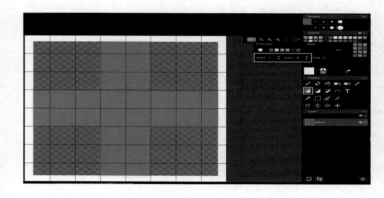

① 스프라이트 에디터의 Edit Image 를 클릭하여 이미지 에디터를 엽니다.
② 그리드 3 X 3으로 설정하고 선, 사각형 그리기 도구를 이용하여 위와 같은 모양의 아이템을 그립니다.

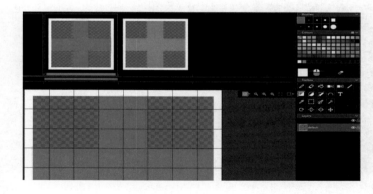

① 스프라이트의 첫 번째 프레임 이미지가 완성되고 나면 복사하고 다음 이미지에 조금의 수정을 해서 2장의 프레임 이미지를 만들어 줍니다.
② 페인트 통을 이용하여 원하는 색상으로 변경할 수 있습니다.

생명 아이템 오브젝트 만들기

① 화면 우측의 에셋 브라우저 패널의 오브젝트 폴더를 선택하여 새 오브젝트를 만들어 줍니다.
② 새 오브젝트 이름은 'o_life_item'이라고 지어 주고, 해당 스프라이트는 's_life_item'을 선택합니다.

비행선 추가 아이템 스프라이트 애니메이션 만들기

① 화면 우측의 에셋 브라우저 패널의 스프라이트 폴더를 선택하여 새 스프라이트를 만들고, 스프라이트 이름은 's_space_ship_item'으로 입력하고, 이미지크기는 24 X 24, FPS는 5로 설정합니다.

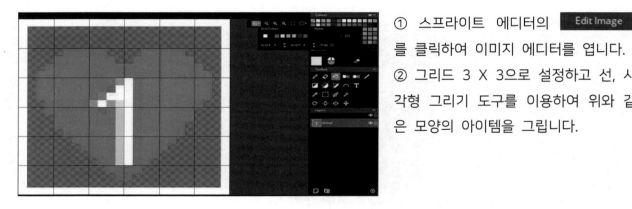

① 스프라이트 에디터의 **Edit Image** 를 클릭하여 이미지 에디터를 엽니다.
② 그리드 3 X 3으로 설정하고 선, 사각형 그리기 도구를 이용하여 위와 같은 모양의 아이템을 그립니다.

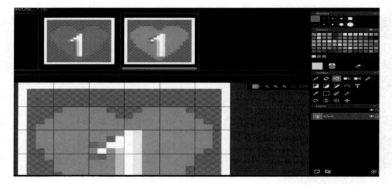

① 스프라이트의 첫 번째 프레임 이미지가 완성되고 나면 복사하고 다음 이미지에 조금의 수정을 해서 2장의 프레임 이미지를 만듭니다.
② 페인트 도구나 색상교체 도구를 이용하여 원하는 색상으로 변경할 수 있습니다.

생명 아이템 오브젝트 만들기

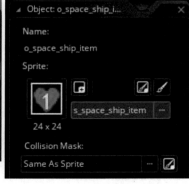

① 화면 우측의 에셋 브라우저 패널의 오브젝트 폴더를 선택하여 새 오브젝트를 만듭니다.
② 새 오브젝트 이름은 'o_space_ship_item'으로 입력하고, 해당 스프라이트는 's_space_ship_item'을 선택합니다.

■ 게임 배경 스프라이트 생성

배경화면 스프라이트를 만들어서 룸에서 배경화면 이미지가 움직이는 효과를 내어보도록 하겠습니다.

배경화면 스프라이트 만들기

① 화면 우측의 에셋 브라우저 패널의 스프라이트 폴더를 선택하여 새 스프라이트를 만들어줍니다.

② 새 스프라이트 이름은 's_arrow_bullet_item'이라고 지어 주고, 이미지크기는 24 X 24, FPS는 5로 설정합니다.

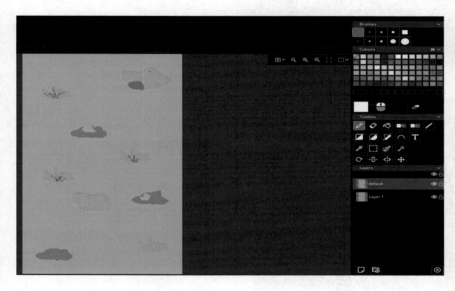

① 스프라이트 에디터의 Edit Image 를 클릭하여 이미지 에디터를 엽니다.

② 오른쪽 그리기 도구를 이용하여 다음의 순서로 그려봅니다. 배경 색 칠하기 -> 황색 땅 그리기 -> 풀 그리기 순서로 그리면 됩니다. 이전 되돌리기는 Ctrl + Z 키를 이용하여 되돌릴 수 있습니다.

배경 구름 스프라이트 만들기

① 화면 우측의 에셋 브라우저 패널의 스프라이트 폴더를 선택하여 새 스프라이트를 만들어줍니다.

② 스프라이트 이름은 's_arrow_bullet_item'이라고 지어 주고, 이미지크기는 24 X 24, FPS는 5로 설정합니다.

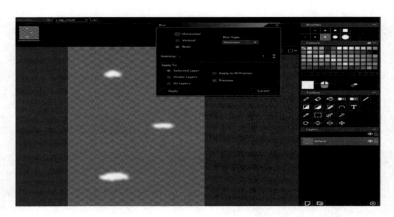

① 스프라이트 에디터의 **Edit Image** 를 클릭하여 이미지 에디터를 엽니다.
② 원 그리기 도구를 이용하여 위와 같은 구름 모양으로 그려주고, 상단 메뉴의 [Effect]-[Blur]를 적용합니다.

배경 별 스프라이트 만들기

① 화면 우측의 에셋 브라우저 패널의 스프라이트 폴더를 선택하여 새 스프라이트를 만듭니다.
②새 스프라이트 이름은 's_bg_stars_far'이라고 지어 주고, 이미지크기는 90 X 160으로 설정해줍니다.

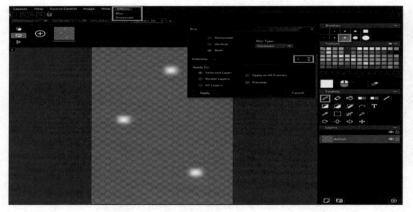

① 스프라이트 에디터의 **Edit Image** 를 클릭하여 이미지 에디터를 엽니다.
② 선 그리기 도구를 이용하여 위와 같은 3개의 점을 찍어주고, 상단 메뉴의 [Effect] -[Blur]를 적용합니다.

① 화면 우측의 에셋 브라우저 패널의 스프라이트 폴더를 선택하여 새 스프라이트를 만듭니다.
② 새 스프라이트 이름은 's_bg_stars_near' 이라고 지어 주고, 이미지 크기는 90 X 160으로 설정해줍니다.

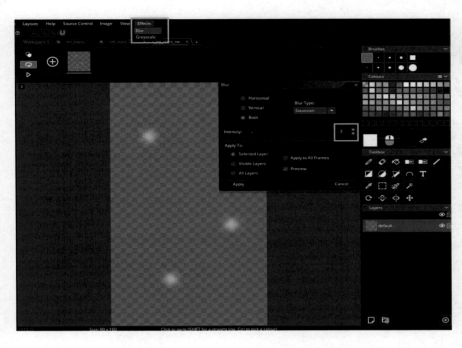

③ 스프라이트 에디터의 Edit Image 를 클릭하여 이미지 에디터를 엽니다.

④ 선 그리기 도구를 이용하여 위와 같은 3개의 점을 찍어주고, 상단 메뉴의 [Effect]-[Blur]를 적용합니다.

■ 에셋 브라우저 패널 폴더 생성 정리

게임에 등장하는 플레이어나 아이템 및 효과가 많을수록 레이어를 통해 화면에 보여줄 깊이 조절이 중요합니다. 그리고 많은 에셋들을 폴더별로 이름을 붙여 정리하면 사용하거나 수정할 때 편리합니다.

에셋 데이터 폴더 생성 정리

① 화면 우측의 에셋 브라우저 패널의 스프라이트 폴더를 선택하여 새 폴더를 위와 같이 만들어주고 해당 에셋을 드래그하여 폴더 내로 이동시켜 줍니다.

② 이후 스프라이트는 해당 폴더를 선택하여 그 폴더 안에 바로 만들어 주도록 하겠습니다.

① 화면 우측의 에셋 브라우저 패널의 오브젝트 폴더를 선택하여 새 폴더를 위와 같이 만들어주고 해당 에셋을 드래그하여 폴더 내로 이동시켜 줍니다.

② 이후 오브젝트는 해당 폴더를 선택하여 그 폴더 안에 바로 만들어 주도록 하겠습니다.

■ 룸 추가 및 룸 레이어 추가

게임에 필요한 룸을 추가하고 게임에 나오는 룸 순서를 조정합니다. 그리고 메인 룸 내 레이어들을 필요한 종류에 맞게 알맞게 추가해 줍니다.

① 화면 오른쪽 에셋 브라우저 패널에서 룸 폴더를 선택하고 룸 2개를 더 추가해주고, 룸 이름을 위와 같이 변경해줍니다.

② 룸 옆에 있는 클릭하여 룸 순서를 rm_start ⇨ rm_main ⇨ rm_gameover 순으로 조정해줍니다.

① 화면 오른쪽 에셋 브라우저 패널에서 룸 폴더를 선택하고 3개의 룸 rm_start, rm_main, rm_gameover 전체 룸 크기는 모두 동일하게 Width : 360, Height : 640으로 설정해줍니다.

게임 룸 레이어 추가 및 레이어 이름 변경

① 화면 좌측의 Room Editor 패널에서 게임에 필요한 레이어를 위와 같이 추가해 줍니다.

② 레이어 이름 변경은 해당 레이어에서 마우스 오른쪽 클릭하여 나온 팝업 메뉴의 `Rename Layer    F2`를 이용하거나 F2 키를 바로 눌러 변경할 수 있습니다.

③ 백그라운드 레이어를 추가한 다음 레이어 이름을 Backgrounds_near과 Backgrounds_far로 변경해줍니다.

④ 인스턴스 레이어를 추가한 다음 Titles, Enemies, Players, Bullets, Items 와 같이 이름을 변경해줍니다.

⑤ 경로 레이어를 추가한 다음 Enemy_Move_Path와 Enemy_path로 이름을 변경해줍니다.

■ 룸 배경 애니메이션 적용

게임 룸 배경 애니메이션 적용하기

배경 애니메이션에서 배경 레이어를 2개를 두어서 두 배경 레이어의 움직이는 속도를 달리하여 조금 더 입체적인 공간으로 느낄 수 있도록 합니다.

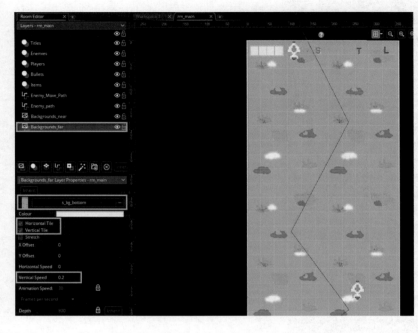

① 화면 오른쪽 에셋 브라우저 패널의 룸폴더에서 rm_main룸을 선택합니다.

② 룸에디터 창의 레이어 패널에서 Background_far 레이어를 선택합니다.

③ 선택한 레이어의 배경 스프라이트로 's_bg_bottom'스프라이트를 선택 후 Horizontal Tile Vertical Tile 속성을 체크합니다

④ Vertical Speed에 0.2의 값을 입력하여 아래쪽으로 배경 스

프라이트가 움직일 수 있도록 설정합니다.

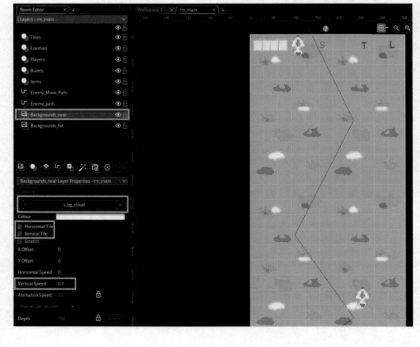

① 화면 오른쪽 룸 에디터 창의 레이어 패널에서 Background_near 레이어를 선택합니다.

② 배경 스프라이트로 's_bg_cloud' 스프라이트를 선택 후 Horizontal Tile Vertical Tile 속성을 체크해 줍니다.

③ Vertical Speed에 0.7의 값을 입력하여 아래쪽으로 움직이되 Background_far 레이어보다 조금 더 빨리 움직일 수 있도록 하여 입체적으로 움직이는 효과를

줍니다.

게임 시작/종료 룸(rm_start,rm_gameover) 배경 애니메이션 적용하기

게임 시작화면(rm_start)의 배경 애니메이션 적용과 동일한 방법으로 게임 종료화면(rm_gameover)에 적용합니다.

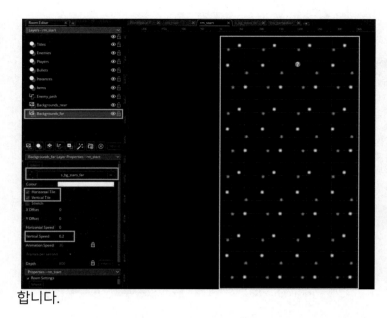

① 화면 오른쪽 에셋 브라우저 패널의 룸 폴더에서 rm_start 룸을 선택합니다.

② 룸 에디터 창의 레이어 패널에서 Background_far 레이어를 선택합니다.

③ 레이어 배경 스프라이트로 's_bg_stars_near'스프라이트를 선택하고,

Horizontal Tile Vertical Tile 속성을 체크해줍니다.

④ Vertical Speed에 0.2의 값을 입력하여 아래쪽으로 움직일 수 있도록 설정합니다.

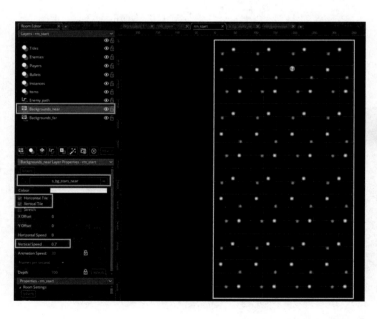

① 룸에디터 창의 레이어 패널에서 Background_near레이어를 선택합니다.

② 해당 레이어의 배경 스프라이트로 's_bg_stars_far'스프라이트를 선택하고,

Horizontal Tile Vertical Tile 속성을 체크해줍니다.

③ Vertical Speed에 0.7의 값을 입력하여 아래쪽으로 움직이되 Background_far 레이어보다 조금 더 빨리 움직일 수 있도록 하여 입체적으로 움직이는 효과를 줍니다.

■ 게임 UI 스프라이트 및 오브젝트 만들기

슈팅 게임을 하는 데 필요한 UI를 만들어 보도록 하겠습니다. 게임메이커 스튜디오에서는 버튼을 별도로 제공하고 있지 않기 때문에 버튼을 직접 만들어 줄 필요가 있습니다. 그리고, 스코어, 남은 비행기 수, 에너지 바 등도 만들어 보도록 하겠습니다.

시작 버튼 스프라이트 만들기

① 화면 우측의 에셋 브라우저 패널의 스프라이트 폴더내 버튼 폴더를 선택하여 새 스프라이트를 만듭니다.
② 스프라이트 이름은 's_btn_start'으로 입력하고, 이미지크기는 100 X 36, FPS으 0로 설정합니다.

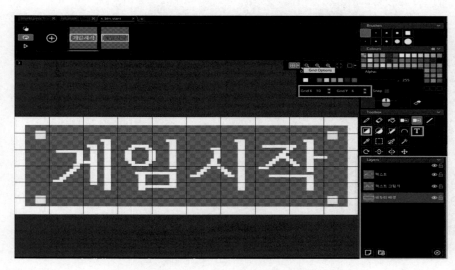

① 스프라이트 에디터의 Edit Image 를 클릭하여 이미지 에디터를 엽니다.
② 그리드를 10 X 6으로 설정합니다.
② 이미지 에디터 우측 하단에 레이어 패널에서 2개의 패널을 추가하고 레이어를 선택한 다음 F2 키를 눌러 레이어 이름을 "테두리

배경","텍스트 그림자","텍스트"로 이름으로 변경해 줍니다.
② 테두리 배경 레이어에 사각 테두리 배경을, 텍스트 배경 레이어에 '게임시작' 텍스트를, 텍스트에도 '게임시작' 텍스트를 만듭니다.

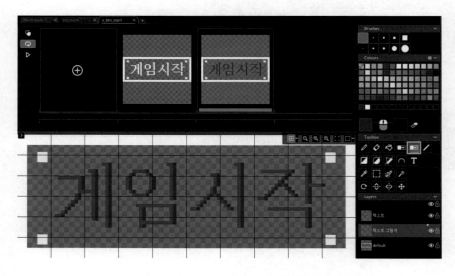

① 만들어진 스프라이트 프레임 이미지를 복사하여 붙여넣기 합니다.
② 🔄 색상 변경 도구를 사용하여 텍스트를 다른 색으로 칠해 줍니다.

게임코딩

시작 버튼 오브젝트 만들기

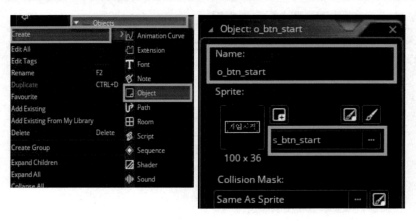

① 화면 우측의 에셋 브라우저 패널의 오브젝트내 버튼 폴더를 선택하여 새 오브젝트를 만듭니다.

② 새 오브젝트 이름은 'o_btn_start'으로 입력하고, 해당 스프라이트는 's_btn_start'를 선택합니다.

종료 버튼 스프라이트 만들기

① 화면 우측의 에셋 브라우저 패널의 스프라이트내 버튼 폴더를 선택하여 새 스프라이트를 만듭니다.

② 스프라이트 이름은 's_btn_end'으로 입력하고, 이미지크기는 100 X 36, FPS는 0 으로 설정합니다.

① 스프라이트 에디터의 Edit Image 를 클릭하여 이미지 에디터를 엽니다.

② 그리드를 10 X 6으로 설정합니다.

③ 이미지 에디터 우측 하단에 레이어 패널에서 2개의 패널을 추가하고 레이어를 선택한 다음 F2 키를 눌러 레이어 이름을 "테두리배경","텍스트 그림자","텍스트"

로 이름으 변경해 줍니다.

④ 테두리 배경 레이어에 사각 테두리 배경을, 텍스트 배경 레이어에 '게임종료' 텍스트를, 텍스트에도 '게임종료' 텍스트를 만들어 줍니다.

- 164 -

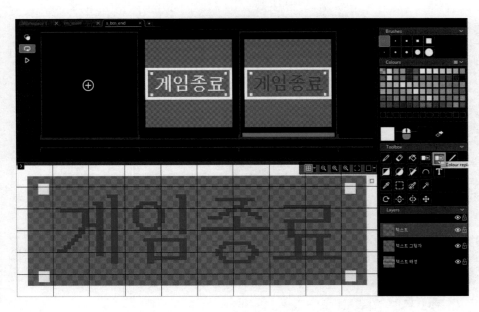

① 만들어진 스프라이트 프레임 이미지를 복사하여 붙여넣기 합니다.

② ▦ 색상 변경 도구를 사용하여 텍스트를 다른 색으로 칠해 줍니다.

종료 버튼 오브젝트 만들기

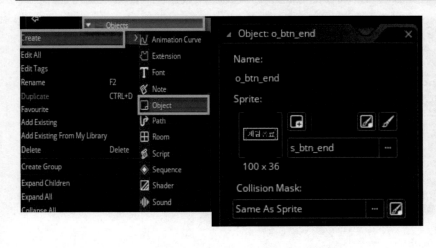

① 화면 우측의 에셋 브라우저 패널의 오브젝트 폴더내 버튼 폴더를 선택하여 새 오브젝트를 만듭니다.

② 오브젝트 이름은 'o_btn_end'으로 입력하고, 해당 스프라이트는 's_btn_end'를 선택합니다.

게임 타이틀(레벨) 스프라이트 만들기

① 화면 우측의 에셋 브라우저 패널의 스프라이트 폴더내 타이틀 폴더를 선택하여 새 스프라이트를 만들어줍니다.

② 새 스프라이트 이름은 's_level_title'이라고 지어 주고, 이미지크기는 20 X 24, 기준점은 Middle Right로 설정합니다.

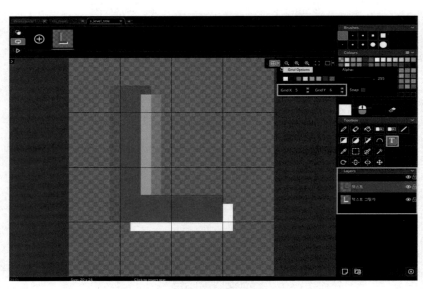

① 스프라이트 에디터의 Edit Image 를 클릭하여 이미지 에디터를 엽니다.

② 그리드를 5 X 6으로 설정합니다.

③ 이미지 에디터 우측 하단에 레이어 패널에서 레이어를 추가하고 레이어를 선택한 다음 F2 키를 눌러 레이어 이름을 "텍스트 그림자","텍스트"로 이름으로 변경해 줍니다.

④ 텍스트 도구를 사용하여 'L' 텍스트를 입력합니다.

게임 타이틀(레벨) 오브젝트 만들기

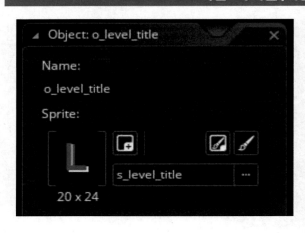

① 화면 우측의 에셋 브라우저 패널의 오브젝트 폴더내 타이틀 폴더를 선택하여 새 오브젝트를 만들어줍니다.

② 새 오브젝트 이름은 'o_level_title'으로 입력하고, 해당 스프라이트는 's_level_title'를 선택해 줍니다.

게임 타이틀(스코어) 스프라이트 만들기

① 화면 우측의 에셋 브라우저 패널의 스프라이트 폴더내 타이틀 폴더를 선택하여 새 스프라이트를 만들어줍니다.

② 새 스프라이트 이름은 's_score_title'이라고 지어 주고, 이미지크기는 20 X 24, 기준점은 Middle Right로 설정합니다.

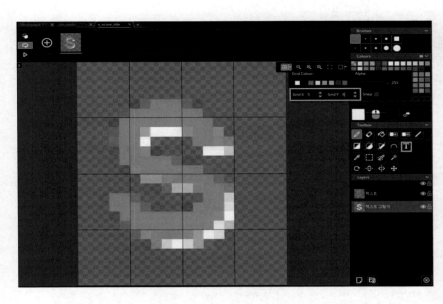

① 스프라이트 에디터의 [Edit Image] 를 클릭하여 이미지 에디터를 엽니다.

② 그리드를 5 X 6으로 설정합니다.

③ 이미지 에디터 우측 하단에 레이어 패널에서 레이어를 추가하고 레이어를 선택한 다음 F2 키를 눌러 레이어 이름을 "텍스트 그림자","텍스트"로 이름으로 변경해 줍니다.

④ 텍스트 도구를 사용하여 'S' 텍스트를 입력합니다.

게임 타이틀(스코어) 오브젝트 만들기

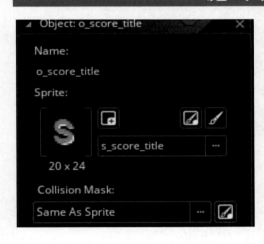

① 화면 우측의 에셋 브라우저 패널의 오브젝트 폴더내 타이틀 폴더를 선택하여 새 오브젝트를 만들어줍니다.

② 새 오브젝트 이름은 'o_score_title'으로 입력하고, 해당 스프라이트는 's_score_title'를 선택해 줍니다.

생명바 스프라이트 만들기

① 화면 우측의 에셋 브라우저 패널의 스프라이트 폴더내 타이틀 폴더를 선택하여 새 스프라이트를 만들어줍니다.

② 새 스프라이트 이름은 's_life_bar'이라고 지어 주고, 이미지 크기는 80 X 24, 기준점은 Middle Right로 설정합니다.

① 스프라이트 에디터의 Edit Image 를 클릭하여 이미지 에디터를 엽니다.

② 그리드를 20 X 12으로 설정합니다.

③ 사각형 그리기 도구를 이용하여 위의 4칸 짜리 막대 형태로 그려줍니다.

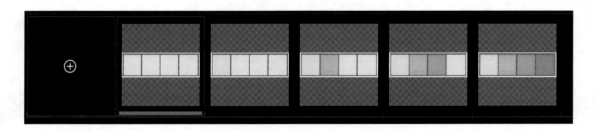

① 스프라이트의 첫 번째 프레임 이미지가 완성되고 나면 복사하고 다음 이미지에 페인트통을 이용하여 한 칸씩 색칠해서 총 5장의 프레임 이미지를 만들어 줍니다.

게임 타이틀(스코어) 오브젝트 만들기

① 화면 우측의 에셋 브라우저 패널의 오브젝트 폴더내 타이틀 폴더를 선택하여 새 오브젝트를 만듭니다.

② 새 오브젝트 이름은 'o_life_bar'으로 입력하고, 해당 스프라이트는 's_life_bar'를 선택합니다.

게임 타이틀(타이머) 스프라이트 만들기

① 화면 우측의 에셋 브라우저 패널의 스프라이트 폴더내 타이틀 폴더를 선택하여 새 스프라이트를 만듭니다.

② 스프라이트 이름은 's_timer_title'이라고 지어 주고, 이미지크기는 20 X 24, 기준점은 Middle Right로 설정합니다.

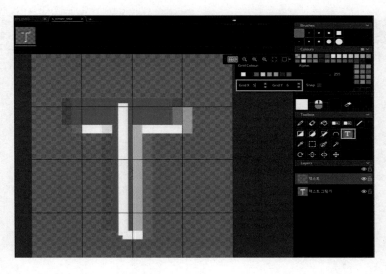

① 스프라이트 에디터의 [Edit Image] 를 클릭하여 이미지 에디터를 엽니다.

② 그리드를 5 X 6으로 설정합니다.

③ 이미지 에디터 우측 하단에 레이어 패널에서 레이어를 추가하고 레이어를 선택한 다음 F2 키를 눌러 레이어 이름을 "텍스트 그림자", "텍스트"로 이름으로 변경합니다.

④ 텍스트 도구를 사용하여 'T' 텍스트를 입력합니다.

게임 타이틀(스코어) 오브젝트 만들기

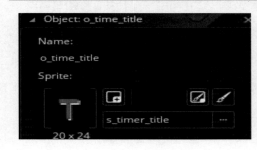

① 화면 우측의 에셋 브라우저 패널의 오브젝트 폴더내 타이틀 폴더를 선택하여 새 오브젝트를 만들어줍니다.

② 오브젝트 이름은 'o_timer_title'으로 입력하고, 해당 스프라이트는 's_timer_title'를 선택해 줍니다.

게임 타이틀(비행기수 표시) 오브젝트 만들기

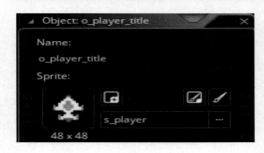

① 화면 우측의 에셋 브라우저 패널의 오브젝트 폴더내 타이틀 폴더를 선택하여 새 오브젝트를 만들어줍니다.

② 오브젝트 이름은 'o_player_title'으로 입력하고, 해당 스프라이트는 's_player_title'를 선택해 줍니다.

■ 효과음 및 배경음악 생성

배경음악 만들기

① 화면 오른쪽 에셋 브라우저 패널의 사운드 폴더를 선택하여 새로운 사운드 추가합니다.

② 배경음악으로 사용할 음악을 ⋯ 버튼을 클릭하여 사운드 폴더에서 main_bg_music.mp3를 선택합니다. 사운드 이름은 'au_bg_sound'로 입력하고, 사운드 크기는 0.7로 설정합니다.

효과음 만들기

<기본 총알 효과음>

① 화면 오른쪽 에셋 브라우저 패널의 사운드 폴더를 선택하여 새로운 사운드 추가합니다.

② 총알 효과음으로 사용할 음악을 ▦버튼을 클릭하여 사운드 폴더에서 lazer.mp3를 선택합니다. 사운드 이름은 'au_lazer'로 입력하고, 사운드 크기는 0.7로 설정합니다.

<아이템 획득 효과음>

① 화면 오른쪽 에셋 브라우저 패널의 사운드 폴더를 선택하여 새로운 사운드 추가합니다.

② 아이템 획득 효과음으로 사용할 음악을 ▦버튼을 클릭하여 사운드 폴더에서 get_item_sound.mp3를 선택합니다. 사운드 이름은 'au_item_sound'로 입력하고, 사운드 크기는 0.7로 설정합니다.

<폭파 효과음>

① 화면 오른쪽 에셋 브라우저 패널의 사운드 폴더를 선택하여 새로운 사운드 추가합니다.

② 폭파 효과음으로 사용할 음악을 ▦버튼을 클릭하여 사운드 폴더에서 explosion_1.mp3를 선택합니다. 사운드 이름은 'au_explosion'로 입력하고, 사운드 크기는 0.7로 설정합니다.

<시작 배경음악>

① 화면 오른쪽 에셋 브라우저 패널의 사운드 폴더를 선택하여 새로운 사운드 추가합니다.

② 게임 시작 배경음악으로 사용할 음악을 ▦ 클릭하여 사운드 폴더에서 pre_music.mp3를 선택합니다. 새로 추가할 사운드 이름은 'au_start_bg_sound'로 입력하고, 사운드 크기는 0.7로 설정합니다.

<적 대장 등장 배경음악>

① 화면 오른쪽 에셋 브라우저 패널의 사운드 폴더를 선택하여 새로운 사운드 추가합니다.

② 적 대장 등장 배경음악으로 사용할 음악을 ▨▨▨ 클릭하여 사운드 폴더에서 big_enemy_sound를 선택합니다.

③ 새로 추가할 사운드 이름은 'au_big_bg_enemy'로 입력하고, 사운드 크기는 0.7로 설정합니다.

■ 적 이동 경로 만들기

인스턴스가 이동할 수 있는 경로를 만드는 방법은 2가지 방법이 있습니다.

첫 번째가 에셋 브라우저 패널에서 경로 폴더를 선택한 다음 새로운 경로 만들기를 하면 경로 편집기가 나오고 여기서 경로를 만들 수 있습니다.

두 번째 방법은 게임 화면에서 직접 만드는 방법입니다. 레이어 패널에서 경로를 직접 추가하여 게임 화면에서 경로를 찍어서 바로 만드는 방법입니다. 두 번째 방법이 좀 더 직관적으로 만들 수 있어서 두 번째 방법으로 만들어 보도록 하겠습니다.

게임화면에서 직접 경로 만들기

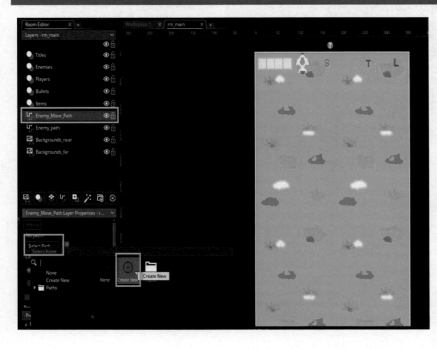

① 먼저 스튜디오 룸 에디터에서 화면 왼쪽의 레이어 패널의 Enemy_Move_Path패널을 선택합니다.

② 선택한 레이어의 속성창에서 <No path> Select Path... 를 선택하여 Create New 를 클릭하여 새 경로 만들기를 합니다.

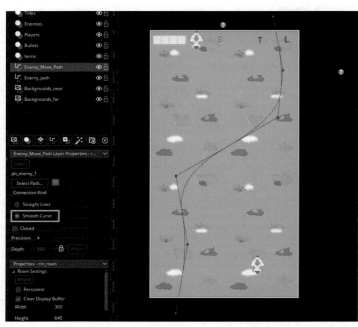

① 이동할 경로에 따라 게임 화면에서 클릭하면 점과 선이 나타나는 것을 볼 수 있습니다.

② 경로의 연결 방법에서 Smooth Curve를 선택하여 부드러운 이동으로 만들어 줍니다.

<경로 1>

① 위의 방법으로 경로를 3개 더 추가해 그립니다. 위의 경로를 참고로 자유롭게 변형해도 됩니다.
② 갑자기 나타나거나 이동 중에 인스턴스가 멈추지 않도록 이동 시작점은 화면 위쪽 바깥에서 화면 아래쪽 바깥에서 끝날 수 있도록 해주세요.

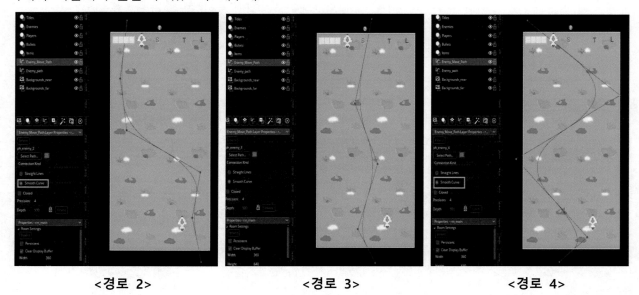

<경로 2>   <경로 3>   <경로 4>

■ 게임 관련 스크립트 생성

게임 초기화 및 폭파 관련 스크립트를 적과 플레이어에서 바로 사용할 수 있게 하기 위해 미리 생성할 것입니다.

폭파시 카메라 뷰 흔들기 스크립트 만들기

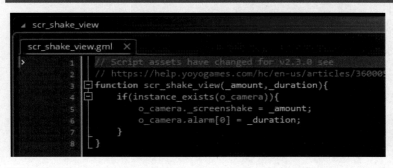

① 화면 오른쪽 에셋 브라우저 패널의 스크립트 폴더를 선택하여 새로운 스크립트 추가를 해줍니다.

② 폭파 효과를 내기 위해 카메라를 흔들리게 하는 스크립트로 이름은 'scr_shake_view'로 입력합니다.

```
function scr_shake_view(_amount,_duration){
    if(instance_exists(o_camera)){
        o_camera._screenshake = _amount;
        o_camera.alarm[0] = _duration;
    }
}
```

폭파시 카메라 뷰 흔들기 스크립트 만들기

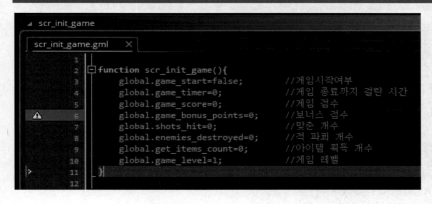

① 화면 오른쪽 에셋 브라우저 패널의 스크립트 폴더를 선택하여 새로운 스크립트 추가를 해줍니다.

② 게임 시작시 글로벌 변수를 일괄 초기화를 하기 위한 스크립트로 이름을 scr_init_game 이라고 입력합니다.

```
function scr_init_game(){
    global.game_start=false;            //게임시작여부
    global.game_timer=0;                //게임 종료까지 걸린 시간
    global.game_score=0;                //게임 점수
    global.game_bonus_points=0;         //보너스 점수
    global.shots_hit=0;                 //맞춘 개수
    global.enemies_destroyed=0;         //적 파괴 개수
    global.get_items_count=0;           //아이템 획득 개수
    global.game_level=1;                //게임 레벨
}
```

■ 게임매니저 생성 및 구현

게임이 복잡해질수록 게임매니저 하나에서 모두 관리하는 것보다는 별도의 컨트롤 매니저를 두어서 분산 관리하는 것이 게임 제작할 때 편리합니다. 게임 전반에 사용되는 변수의 경우 게임매니저 오브젝트 안에 변수로 선언하여 사용할 수도 있고, 글로벌 변수로 선언하여 사용할 수도 있습니다. 저는 게임매니저 오브젝트 안에 두고 사용하는 방법을 선호하지만 여기서는 일부 변수의 경우 글로벌 변수로 선언하여 사용하는 방법도 함께 보여드리겠습니다.

게임매니저 오브젝트 생성하기

① 화면 우측의 에셋 브라우저 패널의 오브젝트 폴더내 타이틀 폴더를 선택하여 새 오브젝트를 만들어줍니다.
② 새 오브젝트 이름은 'o_game_manager'으로 입력하고, 해당 스프라이트는 '없음'으로 둡니다.

게임매니저 이벤트 구현하기

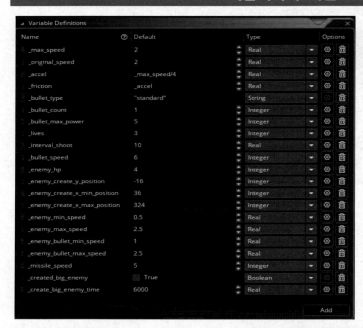

① 게임매니저 오브젝트에서 **Variable Definitions**를 클릭하여 게임 제작에 관련된 변수를 선언합니다.

변수명	값	설명
_max_speed	2	플레이어 비행 최대 속도
_original_speed	2	플레이어 비행 속도
_accel	_max_speed/4	플레이어 비행 가속도
_friction	_accel	플레이어 비행 최소 속도
_bullet_type	"standard"	발사체 유형
_bullet_count	1	발사체 개수
_bullet_max_power	5	발사체 공격력

변수명	값	설명
_lives	3	플레이어 수
_interval_shoot	10	총알 발사 간격
_bullet_speed	6	총알 발사 속도
_enemy_hp	4	적 체력
_enemy_create_y_position	-16	적 생성 위치
_enemy_create_x_min_position	36	적 생성 x 시작 위치
_enemy_create_x_max_position	324	적 생성 x 끝 위치
_enemy_min_speed	0.5	적 최소 속도
_enemy_max_speed	2.5	적 최대 속도
_enemy_bullet_min_speed	1	적 총알 최소 속도
_enemy_bullet_max_speed	2.5	적 총알 최대 속도
_missile_speed	5	미사일 속도
_created_big_enemy	false	적 대장 출몰 여부
_created_big_enemy_time	6000	적 대장 출몰 타이밍

게임매니저 이벤트 구현하기

① 게임매니저의 이벤트 목록창에서 룸 실행시 실행되는 Room Start 이벤트를 추가해 줍니다.
② Room Start 이벤트에 아래와 같은 코드를 입력합니다.

o_gamemanager 오브젝트의 Room Start 이벤트 구현

① 게임매니저의 이벤트 목록창에서 룸 실행시 실행되는 Room Start 이벤트에 아래의 코드를 입력합니다.

```
//현재 룸이 게임 룸인지 체크
if(room==rm_main){
    //게임 초기화 설정
    scr_init_game();
    //게임 시작 설정
    global.game_start=true;
    //모든 음악 중지
    audio_stop_all();
    //배경음악 재생
    audio_play_sound(au_bg_sound,5,true);
}
else if(room==rm_start || room==rm_gameover)
{
    //모든 음악 중지
    audio_stop_all();
    //시작 배경음악 재생
    audio_play_sound(au_start_bg_sound,5,true);
}
```

■ 카메라 오브젝트 생성 및 구현

카메라 뷰를 사용자가 의도한 대로 컨트롤 하기 위해 카메라 오브젝트를 생성하고 이를 컨트롤하여 사용자가 의도한 효과를 냅니다.

카메라 오브젝트 생성하기

① 화면 우측의 에셋 브라우저 패널의 오브젝트 폴더내 타이틀 폴더를 선택하여 새 오브젝트를 만들어줍니다.
② 새 오브젝트 이름은 'o_game_manager'으로 입력하고, 해당 스프라이트는 '없음'으로 둡니다.

카메라 오브젝트 이벤트 구현하기

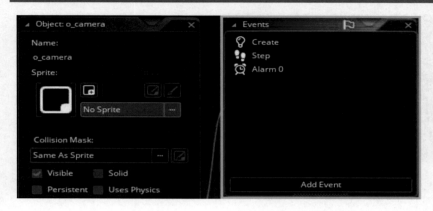

① 카메라 컨트롤 변수를 선언하기 위해 Create 이벤트, 카메라 뷰를 컨트롤 하는 Step 이벤트, 카메라 뷰 흔들기를 초기화 하기 위한 Alarm 0 이벤트의 3개의 이벤트를 추가합니다.

o_camear 오브젝트의 Create 이벤트 구현

① 카메라 컨트롤 변수를 선언하기 위해 Create 이벤트에 아래의 코드를 입력합니다.

```
//카메라 뷰를 흔들 범위
_screenshake=0;
```

o_camear 오브젝트의 Step 이벤트 구현

① 카메라 뷰를 컨트롤 하는 Step 이벤트에 아래와 같이 코드를 입력합니다.

```
//카메라위치를 _screenshake만큼 이동시킴.
view_yport[0] = random(_screenshake);
view_xport[0] = random(_screenshake);
```

o_camear 오브젝트의 Alarm 0 이벤트 구현

① 카메라 뷰 흔들기를 초기화하기 위해 Alarm 0 이벤트에 아래와 같이 코드를 입력합니다.

```
//카메라 뷰를 원래대로
_screenshake=0;
```

■ 적 움직임 구현하기

적은 생성되면서 5가지 경로 (만들어진 4가지 경로 + 직선으로 내려오는 경로)중에서 하나를 선택하여 내려오고, 이동 속도로 랜덤하게 내려옵니다. 총알을 맞으면 총알의 에너지만큼 체력이 조금씩 떨어지고 체력이 0 이되면 폭발 효과와 함께 폭발합니다. 또, 적은 내려오면서 랜덤한 시간마다 총알을 플레이어를 향해 발사합니다.

적 움직임 구현하기

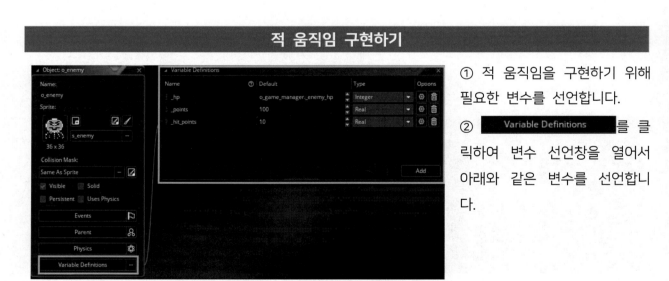

① 적 움직임을 구현하기 위해 필요한 변수를 선언합니다.

② ▨▨▨ Variable Definitions ▨를 클릭하여 변수 선언창을 열어서 아래와 같은 변수를 선언합니다.

변수명	값	설명
_hp	o_game_manager.enemy_hp	적 체력
_points	100	적 파괴시 포인트
_hit_points	10	적 맞췄을 때 포인트

① 적 움직임을 구현하기 위해 적 생성시 경로 및 속도 설정을 위한 Create 이벤트, 적 파괴시 폭파효과를 내기 위한 Destroy 이벤트, 적 체력 체크하는 Step 이벤트, 총알 맞았을 경우 효과를 내는 Alarm 0 이벤트, 적 총알을 생성하기 위한 Alarm 1 이벤트의 5개 이벤트를 추가해 줍니다.

o_enemy 오브젝트의 Create 이벤트 구현

① 적 생성시 경로 및 속도 설정을 위한 Create 이벤트를 아래와 같이 코드를 입력합니다.

```
//적 총알 생성 알람 설정
alarm[1] = random_range(room_speed,room_speed*3);
//적의 속도는 랜덤하게 설정
speed = random_range(o_game_manager._enemy_min_speed,
o_game_manager._enemy_max_speed);
direction= 270;                        //적들이 위에서 아래로 내려오도록 설정함.
_path = choose(true,false);            //적들의 이동경로를 다양하게 함.
if(_path){                             //경로가 선택되었다면
      //경로 4가지 경로 중에서 1개 선택
      path_start(choose(ph_enemy_1,ph_enemy_2,ph_enemy_3,
            ph_enemy_4),speed,path_action_stop,true);
}else{                                 //경로 선택이 안되었다면
      y = -16;                         //x위치만 랜덤으로 생성
      x = random_range(36,room_width-36);
}
```

o_enemy 오브젝트의 Destroy 이벤트 구현

① 적 파괴시 폭파 효과를 내기 위한 Destroy 이벤트를 아래와 같이 코드를 입력합니다.

```
global.game_score += _points;                    //폭파시 스코어 증가
global.enemies_destroyed++;                       //적 폭가 개수 증가
scr_shake_view(7,10);                             //폭파시 카메라 흔들기 효과
audio_play_sound(au_explosion,7,false);           //폭파 효과 사운드
effect_create_above(ef_explosion,x,y,0.5,c_red);  //내장된 폭파 효과
effect_create_below(ef_ring,x,y,.5,c_white);
```

o_enemy 오브젝트의 Step 이벤트 구현

① 적 체력 체크하는 Step 이벤트를 아래와 같이 코드를 입력합니다.

```
if(_hp<=0)                                   //체력이 없으면 제거
    instance_destroy();
if(y>=room_height+self.sprite_height)        //룸바깥으로 벗어났을 때 제거
    instance_destroy(self,false);
```

o_enemy 오브젝트의 Alarm 0 이벤트 구현

① 총알 맞았을 경우 효과를 내는 Alarm 0 이벤트를 아래와 같이 코드를 입력합니다.

```
//총알이나 플레이어와 부딪혔을 때 효과후 원래대로 돌아오로도록 설정
//이 효과는 플레이어나 총알에서 설정함.
image_blend = c_white;
```

o_enemy 오브젝트의 Alarm 1 이벤트 구현

① 적 총알을 생성하기 위한 Alarm 1 이벤트를 아래와 같이 코드를 입력합니다.

```
//알람이 반복되도록 설정함.
//랜덤하게 적 총알이 생성되도록 함.
alarm[1] = random_range(room_speed,room_speed*3);
instance_create_layer(x,y,"Bullets",o_enemy_bullet);
```

코드 설명	effect_create_above (kind, x, y, size, colour)

이 기능을 사용하면 룸 내의 **모든 인스턴스 위에** 간단한 파티클 효과를 만들 수 있습니다 (실제로 -100000의 깊이에서 생성됨).

파티클 입자 효과의 종류에 사용 가능한 상수는 다음과 같습니다.

종류	모습	설명	종류	모습	설명
ef_cloud		다양한 크기의 임의의 구름 입자를 생성하는 효과	ef_ring		확장 및 페이딩 서클을 생성하는 효과
ef_ellipse		확장 타원을 만드는 효과	ef_smoke		연기가 거의 나지 않는 효과
ef_explosion		페이딩 폭발을 확장시키는 효과	ef_smokeup		연기 연기를 생성하여 화면을 상승시키는 효과
ef_firework		불꽃 폭발을 일으키기 위해 여러 개의 작은 입자를 만드는 효과	ef_snow		화면 아래로 떨어지는 여러 개의 눈 입자를 생성하는 효과
ef_flare		눈부신 빛을 발하는 화려한 점을 만드는 효과	ef_spark		작은 불꽃을 발생시키는 효과
ef_rain		화면 상단에서 비가 내리는 효과	ef_star		별 입자를 생성하는 효과

매개 변수	kind	파티클 효과의 종류
	x	파티클 효과의 x 위치
	y	파티클 효과의 y 위치
	size	효과의 크기
	colour	효과의 색상
반환값		없음

코드 설명	effect_create_below (kind, x, y, size, colour)

이 기능을 사용하면 룸 내의 **모든 인스턴스 아래에** 간단한 파티클 효과를 만들 수 있습니다. (실제로 깊이 100000에서 생성됨)

파티클 입자 효과의 종류에 사용 가능한 상수는 다음과 같습니다.

종류	모습	설명	종류	모습	설명
ef_cloud		다양한 크기의 임의의 구름 입자를 생성하는 효과	ef_ring		확장 및 페이딩 서클을 생성하는 효과
ef_ellipse		확장 타원을 만드는 효과	ef_smoke		연기가 거의 나지 않는 효과
ef_explosion		페이딩 폭발을 확장시키는 효과	ef_smokeup		연기 연기를 생성하여 화면을 상승시키는 효과
ef_firework		불꽃 폭발을 일으키기 위해 여러 개의 작은 입자를 만드는 효과	ef_snow		화면 아래로 떨어지는 여러 개의 눈 입자를 생성하는 효과
ef_flare		눈부신 빛을 발하는 화려한 점을 만드는 효과	ef_spark		작은 불꽃을 발생시키는 효과
ef_rain		화면 상단에서 비가 내리는 효과	ef_star		별 입자를 생성하는 효과

매개 변수	kind	파티클 효과의 종류
	x	파티클 효과의 x 위치
	y	파티클 효과의 y 위치
	size	효과의 크기
	colour	효과의 색상
반환값		없음

■ 인스턴스의 깊이(Depth)

게임에서 오브젝트가 생성될 때 해당 오브젝트의 인스턴스가 룸에서 그려지는 위치인 초기 깊이를 지정할 수 있으며, 게임이 진행되는 동안 해당 깊이 값을 가져오고 변경하는 데 사용될 수 있습니다.

일반적으로 레이어에 인스턴스를 생성할 경우에는 깊이를 사용할 필요가 없습니다. 특정 인스턴스의 깊이를 변경하려는 경우 주어진 깊이에서 인스턴스에 대해 "임시 레이어"가 생성됩니다.

GameMaker Studio 에서는
> 인스턴스의 깊이 값이 낮을수록 카메라에 더 가깝게 그려지고,
> 깊이 값이 클수록 카메라에서 더 멀리 떨어집니다.

깊이는 **최대 16000 ~ 최소 -16000** 까지 깊이 값을 설정할 수 있습니다.

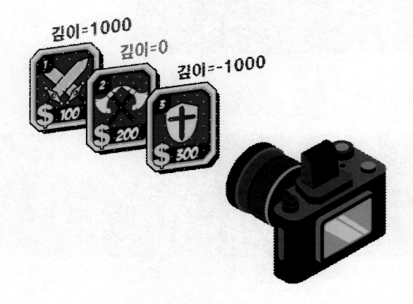

■ 적과 아이템 매니저 생성하기

적과 아이템 매니저 오브젝트 생성하기

① 화면 우측의 에셋 브라우저 패널의 오브젝트 폴더 내 타이틀 폴더를 선택하여 새 오브젝트를 만들어줍니다.

② 오브젝트 이름은 'o_spawner'으로 입력하고, 해당 스프라이트는 '없음'으로 둡니다.

적과 아이템 매니저 이벤트 구현하기

① 적과 아이템을 관리하기 위해 적과 아이템 생성을 위한 초기 설정을 위한 Create 이벤트, 적 생성을 위해 Alarm 0 이벤트, 게임 아이템 생성을 위한 Alarm 1 이벤트, 생명 아이템과 비행선 아이템 생성을 위한 Alarm 2 이벤트 5개의 이벤트를 추가해 줍니다.

o_spawner 오브젝트의 Create 이벤트 구현

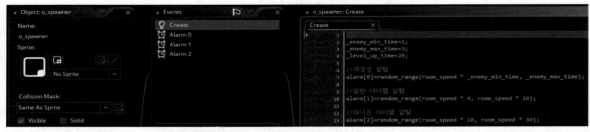

① 적과 아이템 생성을 위한 초기 설정을 위한 Create 이벤트를 아래와 같이 코드를 입력합니다.

```
_enemy_min_time=1;
_enemy_max_time=3;
_level_up_time=20;
//적생성 알람
alarm[0] = random_range ( room_speed  * _enemy_min_time, _enemy_max_time);
//일반 아이템 알람
alarm[1]=random_range(room_speed * 4, room_speed * 10);
//라이프 아이템 알람
alarm[2]=random_range(room_speed * 10, room_speed * 30);
```

o_spawner 오브젝트의 Alarm 0 이벤트 구현

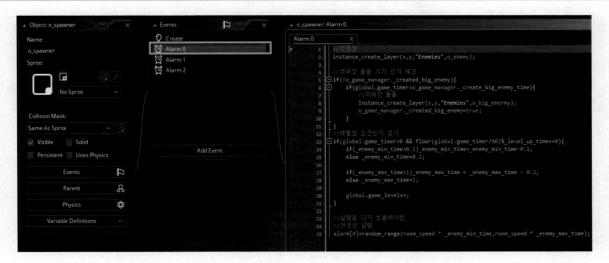

① 적 생성을 위해 Alarm 0 이벤트에 아래와 같이 코드를 입력합니다.

```
 //적생성
instance_create_layer(x,y,"Enemies",o_enemy);
//적대장 출물 시기 인지 체크
if(!o_game_manager._created_big_enemy){
    if(o_game_manager._game_timer>o_game_manager._create_big_enemy_time){
        //적대장 출물
        instance_create_layer(x,y,"Enemies",o_big_enermy);
        o_game_manager._created_big_enemy=true;
    }
}
//레벨업 조건인지 검사
if(o_game_manager._game_timer>0 &&floor(o_game_manager.
  _game_timer/60)%_level_up_time==0){
  if(_enemy_min_time>0.1){
    _enemy_min_time=_enemy_min_time - 0.1;
  }else{
      _enemy_min_time=0.1;
      if(_enemy_max_time>1)
          _enemy_max_time = _enemy_max_time - 0.2;
      else _enemy_max_time=1;
      o_game_manager._game_level++;
  }
}
//알람을 다시 호출해야함.
alarm[0]=random_range(room_speed    *    _enemy_min_time,    room_speed    *
_enemy_max_time);
```

o_spawner 오브젝트의 Alarm 1 이벤트 구현

① 게임 아이템 생성을 위한 Alarm 1 이벤트에 아래와 같이 코드를 입력합니다.

```
//일반 게임 아이템 생성
instance_create_layer(random_range(36,room_width-36),-16,"Items",choose(o_arrow_bulle
t_item,o_bullet_power_up_item,o_homing_missile_item,o_spread_bullet_item));
alarm[1]=random_range(room_speed * 3, room_speed * 10);
```

o_spawner 오브젝트의 Alarm 2 이벤트 구현

① 생명 아이템과 비행선 아이템 생성을 위한 Alarm 2 이벤트에 아래와 같이 코드를 입력합니다.

```
// 생명 아이템과 비행선 아이템 생성
instance_create_layer(random_range(36,room_width-36),16,"Items",choose(o_life_item
,o_space_ship_item));
alarm[2]=random_range(room_speed * 40, room_speed * 100);
```

■ 비행기 움직임 설정 및 총알 발사 구현

비행기가 생성될 때 발사체와 함께 생성되고, 파괴될 때 같이 파괴됩니다. 비행기 움직임과 발사 관련 처리를 구현합니다.

비행기 움직임 설정하기

① 플레이어 움직임을 구현하기 위해 필요한 변수를 선언합니다.

② **Variable Definitions** 를 클릭하여 변수 선언창을 열어서 아래와 같은 변수를 선언합니다.

변수명	값	설명
_can_shoot	true	현재 총알 발사 가능여부
_can_hurt	false	플레이 할 준비가 되었는지 여부
_vspeed	0	수직 이동 속도
_hspeed	0	수평 이동 속도
_hp	4	플레이어 체력

비행기 움직임 이벤트 구현하기

① 플레이어의 움직임을 구현하기 위해 비행기 초기화를 위한 Create 이벤트, 비행기 파괴시 처리를 위한 Destroy 이벤트, 비행기 움직임과 총알 발사 처리를 위한 Step 이벤트, 비행기 총알 발사할 수 있도록 설정을 위한 Alarm 0 이벤트, 비행기 공격 당할 수 있는 상태 처리를 위한 Alarm 1 이벤트, 적 대장과 충돌시 충돌 효과 처리를 위한 o_big_enemy collision 충돌 이벤트, 적과 충돌시 충돌 효과 처리를 위한 o_enemy collision 충돌 이벤트, 적의 총알에 맞았을 경우 충돌 효과 처리를 위한 o_enemy_bullet_collision 충돌 이벤트 5개의 이벤트를 추가해 줍니다.

o_player 오브젝트의 Create 이벤트 구현

① 비행기 초기화를 위한 Create 이벤트에 아래와 같이 코드를 입력합니다.

```
//비행기 추진체
_after_burner=instance_create_layer(x,y+18,"Players",o_player_burner);
_can_shoot=true;                    //총알을 쏠 수 있는 상태
_can_hurt=false;                    //에너지가 깍이는 상태
alarm[1] = 60;                      //처음 등장했을 때는 1초 정도 후에 플레이 될 수 있도록 함
image_alpha=0.5;                    //처음 등장시 비행기를 조금 흐리게 만듦
```

o_player 오브젝트의 Destroy 이벤트 구현

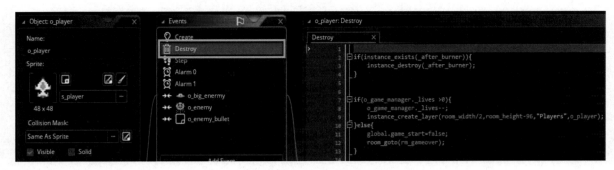

① 비행기 파괴시 처리를 위한 Destroy 이벤트에 아래와 같이 코드를 입력합니다.

```
if(instance_exists(_after_burner)){
    instance_destroy(_after_burner);
}
if(o_game_manager._lives >0){
    o_game_manager._lives--;
    instance_create_layer(room_width/2,room_height-96,"Players",o_player);
}else{
    global.game_start=false;
    room_goto(rm_gameover);
}
```

o_player 오브젝트의 Step 이벤트 구현

① 비행기 움직임과 총알 발사 처리를 위한 Step 이벤트에 아래와 같이 코드를 입력합니다.

```
// 비행기 움직일 수 있는 범위를 화면안으로 제한
x = clamp(x,24,room_width-24);
y = clamp(y,24,room_height-24);
var _up,_down,_left,_right,_shoot,_h_move,_v_move;

//키보드 값을 체크하여 움직임 설정
_up =      keyboard_check(vk_up);
_down =    keyboard_check(vk_down);
_left=keyboard_check(vk_left);
_right=         keyboard_check(vk_right);
_shoot=         keyboard_check(ord("F"));

//수평, 수직 움직임 체크
_h_move = _right - _left;       _v_move = _down - _up;
//수평 움직임이 있다면
if(_h_move !=0){
 //추진 속력만큼 빨리 움직이록 설정
 _hspeed += _h_move * o_game_manager._accel;
 //최소값과 최대값 범위내 값을 설정하는 함수
 _hspeed= clamp(_hspeed,-o_game_manager._max_speed,
           o_game_manager._max_speed);
}else{
   //부드럾게 값을 줄이도록 도와주는 함수
   _hspeed = lerp(_hspeed,0,o_game_manager._friction);
}

//수직 움직임이 있다면
if(_v_move !=0){
   //사속력만큼 빨리 움직이록 설정
   _vspeed += _v_move * o_game_manager._accel;
   _vspeed =clamp(_vspeed,-o_game_manager._max_speed,
          o_game_manager._max_speed);
}else{
   //부드럽게 멈추도록 함.
   _vspeed = lerp(_vspeed,0,o_game_manager._friction);
}
```

```
//실제 좌표값을 변경하여 움직이도록 하는 코드
x += _hspeed;
y += _vspeed;

//총알 발사를 할 수 있는 상태이고, F키를 눌렀다면
if(_shoot !=0 && _can_shoot){
    //총알 타입 지정
    scr_set_shoot_bullet(o_game_manager._bullet_type);
    //총알 발사시 효과
    effect_create_above(ef_smoke,x,y-24,.15,c_dkgray);
    //총알이 연속발사되지 않도록 설정
    _can_shoot = false;
    //10프레임이후 총알 발사될 수 있도록 설정
    alarm[0] = o_game_manager._interval_shoot;
    audio_play_sound(au_lazer,2,false);
}

// 체력이 0이되면 비행기 파괴
if(_hp<=0){
    instance_destroy();
}
```

o_player 오브젝트의 Alarm 0 이벤트 구현

① 비행기 총알 발사할 수 있도록 설정을 위한 Alarm 0 이벤트에 아래와 같이 코드를 입력합니다.

```
//총알을 발사할 수 있는 상태로 처리
_can_shoot=true;
```

o_player 오브젝트의 Alarm 1 이벤트 구현

① 비행기 공격 당할 수 있는 상태 처리를 위한 Alarm 1 이벤트에 아래와 같이 코드를 입력합니다.

```
//본격적으로 플레이 할 수 있는 상태
_can_hurt=true;
image_alpha=1;
image_blend=c_white;
```

o_player 오브젝트의 o_big_enemy 충돌 이벤트 구현

① 적 대장과 충돌시 충돌 효과 처리를 위한 o_big_enemy 충돌 이벤트에 아래와 같이 코드를 입력합니다.

```
if(_can_hurt){              //충돌 처리
    _hp -=1;
    _can_hurt=false;
    image_alpha = 0.5;
    alarm[1] = 60;
}
// 충돌 효과
effect_create_above(ef_explosion,x,y,0.5,c_orange);
effect_create_below(ef_flare,x,y,.5,c_white);
other._hp--;              // 적대장 체력 처리
```

o_player 오브젝트의 o_enemy collision 충돌 이벤트 구현

① 적과 충돌시 충돌 효과 처리를 위한 o_enemy 충돌 이벤트에 아래와 같이 코드를 입력합니다.

```
if(_can_hurt){                //충돌 처리
    _hp -=1;                        _can_hurt=false;
    image_alpha = 0.5;              alarm[1] = 60;
}
// 충돌 효과
effect_create_above(ef_explosion,x,y,0.5,c_orange);
effect_create_below(ef_flare,x,y,.5,c_white);
other._hp--;              // 적대장 체력 처리
```

o_player 오브젝트의 o_enemy_bullet 충돌 이벤트 구현

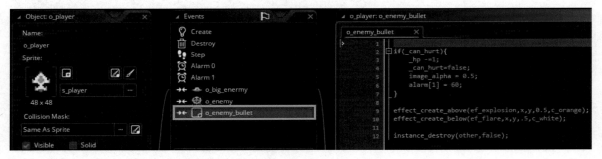

① 적의 총알에 맞았을 경우 충돌 효과 처리를 위한 o_enemy_bullet 충돌 이벤트에 아래와 같이 코드를 입력합니다.

```
if(_can_hurt){                  //충돌 처리
    _hp -=1;                              _can_hurt=false;
    image_alpha = 0.5;                    alarm[1] = 60;


}
// 충돌 효과
effect_create_above(ef_explosion,x,y,0.5,c_orange);
effect_create_below(ef_flare,x,y,.5,c_white);
instance_destroy(other,false);            //적 총알 제거
```

■ 게임 관련 버튼 이벤트 구현하기

게임 시작 버튼 이벤트 구현하기

① 게임 시작을 위한 버튼을 구현하기 위해 버튼 초기 설정을 위한 Create 이벤트, 게임 시작 버튼을 클릭했을 경우의 효과를 위한 Left Pressed 이벤트, 게임 초기화 및 게임 룸 이동 처리를 위한 Left Released 이벤트의 3개 이벤트를 추가합니다.

o_btn_start 오브젝트의 Create 이벤트 구현

① 버튼 초기 설정을 위한 Create 이벤트에 아래와 같이 코드를 입력합니다.

```
//스프라이트 첫번째 이미지를 가리킴
image_index=0;
//스프라이트 애니메이션이 진행되지 않도록 함.
image_speed=0;
```

o_btn_start 오브젝트의 Left Pressed 이벤트 구현

① 게임 시작 버튼을 클릭했을 경우의 효과를 위한 Left Pressed 이벤트에 아래와 같이 코드를 입력합니다.

```
//버튼을 누르고 있을 경우 스프라이트 이미지 변화
image_index=1;
```

o_btn_start 오브젝트의 Left Released 이벤트 구현

① 게임 초기화 및 게임 룸 이동 처리를 위한 Left Released 이벤트에 아래와 같이 코드를 입력합니다.

```
//게임 시작관련 초기화
scr_init_game();
//게임 룸으로 이동함.
room_goto(rm_main);
```

게임 종료 버튼 이벤트 구현하기

① 게임 종료를 위한 버튼을 구현하기 위해 버튼 초기 설정을 위한 Create 이벤트, 게임 종료 버튼을 클릭했을 경우의 효과를 위한 Left Pressed 이벤트, 게임 종료 처리를 위한 Left Released 이벤트의 3개 이벤트를 추가합니다.

o_btn_end 오브젝트의 Create 이벤트 구현

① 버튼 초기 설정을 위한 Create 이벤트에 아래와 같이 코드를 입력합니다.

```
//스프라이트 첫번째 이미지를 가리킴
image_index=0;
//스프라이트 애니메이션이 진행되지 않도록 함.
image_speed=0;
```

o_btn_end 오브젝트의 Left Pressed 이벤트 구현

① 게임 종료 버튼을 클릭했을 경우의 효과를 위한 Left Pressed 이벤트에 아래와 같이 코드를 입력합니다.

```
//버튼을 누르고 있을 경우 스프라이트 두번째 이미지를 가리킴
image_index=1;
```

o_btn_end 오브젝트의 Create 이벤트 구현

① 게임 종료 처리를 위한 Left Released 이벤트에 아래와 같이 코드를 입력합니다.

```
global.game_start=false;          //게임 종료 처리
game_end();                       //게임 창 닫기
```

■ 시작화면과 종료화면 생성

게임 종료 버튼 이벤트 구현하기

게임 화면과 게임 종료시 표시하기 위해 폰트를 추가해줍니다.

① 화면 우측의 에셋 브라우저 패널의 폰트 폴더를 선택하여 새 폰트를 만듭니다.

② 폰트 이름을 f_24으로 입력하고 폰트 Size 24을 입력하고, Style을 Bold로 설정합니다.

게임 종료시 텍스트를 표시하기 위해 폰트를 추가해줍니다.

① 화면 우측의 에셋 브라우저 패널의 폰트 폴더를 선택하여 새 폰트를 만들어줍니다.

② 폰트 이름을 f_36으로 입력하고 폰트 Size 24을 입력하고, Style을 Bold로 설정합니다.

시작 타이틀 스프라이트 만들기

① 화면 우측의 에셋 브라우저 패널의 스프라이트 폴더내 타이틀 폴더를 선택하여 새 스프라이트를 만들어줍니다.

② 스프라이트 이름은 's_title'이라고 지어주고, 이미지크기는 256 X 128, 기준점은 Middle Center로 설정합니다.

① 스프라이트 에디터의 **Edit Image** 를 클릭하여 이미지 에디터를 엽니다.

② 텍스트 도구를 사용하여 폰트 크기를 75로 한 다음 1945 글자를 입력합니다.

③ 화면 오른쪽 하단에 레이어를 추가한 다음 '1945' 를 입력하고 색상을 변경하여 위치를 옮겨서 그림자 효과를 만듭니다.

시작 타이틀 오브젝트 만들기

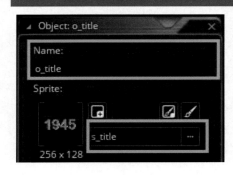

① 화면 우측의 에셋 브라우저 패널의 오브젝트 폴더 내 타이틀 폴더를 선택하여 새 오브젝트를 만들어줍니다.

② 새 오브젝트 이름은 'o_title' 이라고 지어 주고, 대상 스프라이트를 's_title' 를 선택합니다.

종료 타이틀 오브젝트 생성 및 이벤트 구현하기

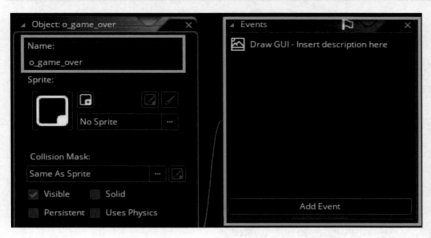

① 화면 우측의 에셋 브라우저 패널의 오브젝트 폴더내 Manager폴더를 선택하여 새 오브젝트를 만들어줍니다.

② 새 오브젝트 이름은 o_game_over이라고 입력합니다.

③ 이벤트 목록창에서 Draw GUI이벤트를 추가합니다.

o_game_over 오브젝트의 Draw GUI 이벤트 구현

① 게임 성과를 텍스트로 표시하기 위해 Draw GUI 이벤트에 코드를 입력합니다.

```
//폰트 및 정렬 설정
draw_set_font(f_24);
draw_set_halign(fa_left);

//텍스트 쓰기
draw_text(room_width-200,room_height-200,"Press start button to play");
draw_text(room_width - 100, room_height - 150, "Shots hit :" + string(global.shots_hit));

draw_text(room_width - 100, room_height - 100, "Enemies :"+ string(global.enemies_destroyed));

draw_text(room_width - 100, room_height - 50, "Time :" + string (global.game_timer));
draw_text(room_width-100,room_height,"Score :"+string(global.game_score));
```

■ 게임 오브젝트 배치하기

시작 화면 인스턴스 배치하기

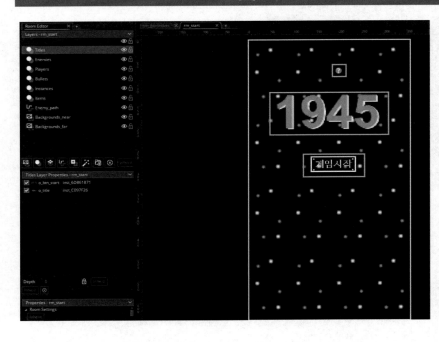

① 화면 우측의 에셋 브라우저 패널의 룸 폴더에서 rm_start 를 선택합니다.

② 룸 에디터의 레이어 패널에서 Titles레이어를 선택한 다음 o_title오브젝트와 o_btn_start 오브젝트를 화면에 배치합니다.

③ 룸 에디터의 레이어 패널에서 Instances레이어를 선택한 다음 o_game_manager 오브젝트를 화면에 배치합니다.

게임 화면 타이틀 인스턴스 배치하기

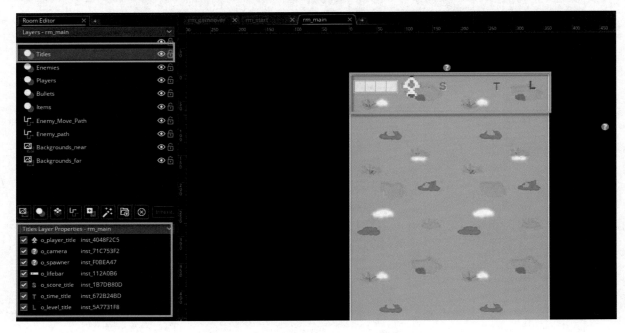

① 화면 우측의 에셋 브라우저 패널의 룸 폴더에서 rm_main 을 선택합니다.

② 룸 에디터의 레이어 패널에서 Titles 레이어를 선택한 후 o_player_title, o_camera, o_spawner, o_lifebar, o_score_title, o_time_title, o_level_title를 화면에 배치합니다.

③ 룸 에디터의 레이어 패널에서 Player 레이어를 선택한 후 o_player 오브젝트를 배치합니다.

게임 화면 비행기 수 표시 타이틀 이벤트 구현하기

① 화면 오른쪽 에셋 브라우저 패널에서 비행기 수를 표시하는 타이틀 오브젝트를 선택합니다.

② 이벤트 목록창에서 Create 이벤트와 DrawGUI 이벤트를 추가합니다.

o_player_title 오브젝트의 Create 이벤트 구현

① 타이틀 아이콘으로서의 역할만 하기위해 Create 이벤트에 아래와 같은 코드를 입력합니다.

```
image_xscale=0.5;                    //이미지 크기 조절
image_yscale=0.5;
image_index=0;                       //스프라이트 애니메이션되지 않도록 함.
image_speed=0;
```

o_player_title 오브젝트의 Draw GUI 이벤트 구현

① 타이틀 아이콘으로서의 역할만 하기 위해 Create 이벤트에 아래와 같은 코드를 입력합니다.

```
if(global.game_start){                       //폰트 설정
    draw_set_font(f_24);
    draw_set_halign(fa_left);                    //정렬 설정
    draw_set_halign(fa_middle);
    draw_text(scr_gui_text_screen(x)+36,scr_gui_text_screen(y),
                            string(floor(o_game_manager._lives)));
}
```

게임 화면 생명바 오브젝트 이벤트 구현하기

① 비행기의 남은 생명을 표시하는 o_lifebar 생명바 오브젝트를 선택합니다.
② 이벤트 목록창에서 초기화를 위한 Create 이벤트와 화면표시를 위한 Step이벤트를 추가합니다.

o_lifebar 오브젝트의 Create 이벤트 구현

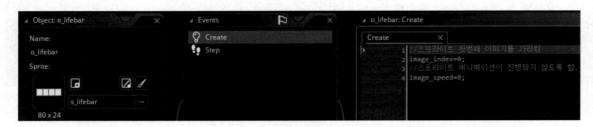

① 생명바 오브젝트 초기화를 위해 Create 이벤트에 아래와 같은 코드를 입력합니다.

```
image_index=0;          //스프라이트 첫번째 이미지를 가리킴
image_speed=0;          //스프라이트 애니메이션이 진행되지 않도록 함.
```

o_lifebar 오브젝트의 Step 이벤트 구현

① 생명바를 비행기와 일치시키기 위해 Step 이벤트에 아래와 같은 코드를 입력합니다.

```
//비행기가 있을 경우에만 표시
if(instance_exists(o_player)){
    // 비행기의 체력과 생명바 스프라이트 인덱스가 일치하도록 함
    image_index=o_player._hp;
}else{
    image_index=0;
}
```

게임 화면 점수 표시 타이틀 이벤트 구현하기

① 화면에 비행기 수를 표시하는 o_score_title 타이틀 오브젝트를 선택합니다.

② 이벤트 목록창에서 점수표시를 위한 DrawGUI 이벤트를 추가합니다.

o_score_title 오브젝트의 Step 이벤트 구현

① 점수 표시를 위한 Draw GUI 이벤트에 아래와 같은 코드를 입력합니다.

```
if(global.game_start){                          //폰트 설정
    draw_set_font(f_24);
    draw_set_halign(fa_left);                   //정렬 설정
    draw_set_valign(fa_middle);
    //점수 화면 표시
    draw_text(scr_gui_text_screen(x),scr_gui_text_screen(y),
    string(floor(global.game_score)));
}
```

게임 화면 타이머 표시 이벤트 구현하기

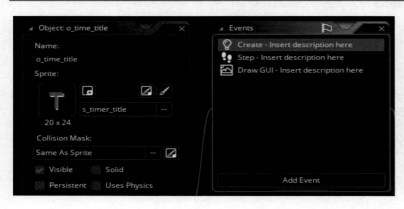

① 화면에 타이머를 표시하는 타이머 타이틀 오브젝트를 선택합니다.

② 이벤트 목록창에서 초기화를 위한 Create 이벤트, 타이머 업데이트를 위한 Step 이벤트, 타이머를 화면에 표시하기 위한 DrawGUI 이벤트를 추가합니다.

o_timer_title 오브젝트의 Create 이벤트 구현

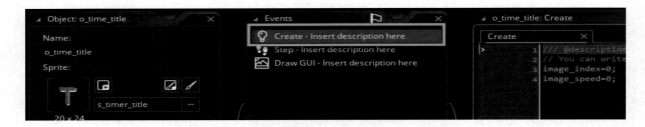

① 타이틀 초기화를 위한 Create 이벤트에 아래와 같은 코드를 입력합니다.

```
//스프라이트 애니메이션되지 않도록 함.
image_index=0;
image_speed=0;
```

o_timer_title 오브젝트의 Step 이벤트 구현

① 타이머 업데이트 하기 위한 Step 이벤트에 아래와 같은 코드를 입력합니다.

```
//게임 시작하면 타이머 작동
if(global.game_start)
{
    global.game_timer++;
}
```

o_timer_title 오브젝트의 Draw GUI 이벤트 구현

① 타이머를 화면에 표시하기 위한 Draw GUI 이벤트에 아래와 같은 코드를 입력합니다.

```
//게임이 시작 중이라면
if(global.game_start)
{
    draw_set_font(f_24);

    //정렬 설정
    draw_set_halign(fa_left);
    draw_set_valign(fa_middle);

    //타이머 화면에 표시
    draw_text(scr_gui_text_screen(x),scr_gui_text_screen(y),
                            string(floor(global.game_timer/60)));
}
```

게임 화면 레벨 표시 이벤트 구현하기

① 게임 레벨을 표시하기 위해 o_level_title 타이틀 오브젝트를 선택합니다.
② 이벤트 목록창에서 게임 레벨 화면 표시 초기화를 위한 Create 이벤트, 게임 레벨을 화면에 표시하기 위한 Draw GUI 이벤트를 추가합니다.

o_level_title 오브젝트의 Create 이벤트 구현

게임코딩

① 게임 레벨 화면표시 초기화를 위한 Create 이벤트에 아래와 같은 코드를 입력합니다.

```
//스프라이트 애니메이션되지 않도록 함.
image_index=0;
image_speed=0;
```

o_level_title 오브젝트의 Draw GUI 이벤트 구현

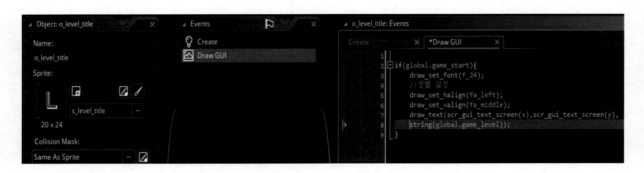

① 게임 레벨을 화면에 표시하기 위해 Draw GUI 이벤트에 아래와 같은 코드를 입력합니다.

```
//게임이 시작 중이라면
if(global.game_start)
{
    //폰트 설정
    draw_set_font(f_24);

    //정렬 설정
    draw_set_halign(fa_left);
    draw_set_halign(fa_middle);

     //화면 표시
    draw_text(scr_gui_text_screen(x)+36,scr_gui_text_screen(y),
                        string(floor(o_game_manager._lives)));
}
```

■ 실행 및 수정하기

실행 및 수정하기

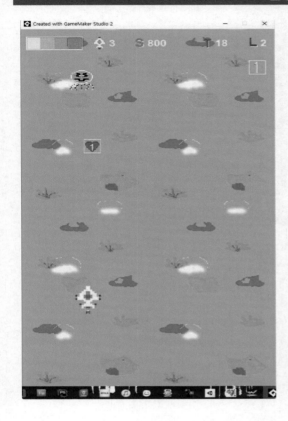

① 게임메이커 스튜디오 상단의 빠른 메뉴에서 ▷ 재생 버튼을 클릭하면 제작한 게임을 컴파일하여 결과를 별도의 실행창에서 보여줍니다. 게임을 실제로 해보고 제대로 작동하는지 확인합니다.

② 적들이 생성되어 다양한 경로로 내려오는지 확인합니다.

③ 총알을 발사했을 경우 제대로 구현되는 지 확인합니다.

④ 총알에 맞았을 경우 적 제거 및 비행기 생명바 감소가 제대로 일어나는 지 확인합니다.

⑤ 오류가 있을 경우에는 하단의 output창에 오류사항이 자세하게 표시됩니다. 해당 오류 수정후 재생 버튼을 클릭하여 다시 컴파일하면 실행 결과를 볼 수 있습니다.

메모하기